사이토 다카시의
훔치는 글쓰기

사이토 다카시의

훔치는 글쓰기

사이토 다카시 지음 | 장현주 옮김

더모더
Themodern L

차례

CHAPTER 02

혼자 글 쓰는 시간

CHAPTER 04

자기 소개에도 맞춤형 서비스가 필요하다

나는 쓰기 위해 읽었다

당신에게 질문 하나를 하겠다.

200자 원고지 열 장을(혹은 A4 한 장을) 당신의 글로 채우라고 한다면 제일 먼저 무슨 생각이 들까? 아니면 다음 주까지 책을 다섯 권 읽고 서평을 써오라고 한다면 어떨까? 당신은 벌써부터 무슨 글을 쓸까 들떠 있을까? 아니면 '정말 싫군' 하는 생각이 들면서 마음이 무거워질까?

아마도 대부분의 사람들이 후자에 가까울 것이다. 보통 글쓰기에 대한 과제를 받았을 때 마음이 즐거운 사람은 많지 않다. 오히려 그럴 때마다 '술술 읽거나 척척 쓸 수 있다면 얼마나 좋을까?' 하고 생각하는 사람이 훨씬 많다.

나는 대학에서 학생을 가르치고 있다. 대부분 대학생들과 함께하지만 세미나나 강연 등을 통해 직장인이나 초등학생도 만날 일이 종종 있다. 내가 만나는 사람들은 하나같이 책을 많이, 그리고 빨리 읽고 싶다고 말한다. 어떤 주제든 글도 척척 잘 쓰면 좋겠다고도 한다. 참 많은 사람들이 읽고 쓰는 것을 힘들어한다.

그에 반해 우리 사회는 읽고 쓰는 것을 크게 중요하게 여기지 않는 것 같다. 학교에서도 논술 등의 교육을 하지만 입시 위주의 교육에 집중하다 보니 학생들은 읽고 쓰는 것에 대한 훈련 없이 사회생활을 시작하게 된다. 게다가 미디어의 발달과 스마트폰의 등장으로 공부를 끝낸 직장인들은 더더욱 읽고 쓰는 것을 멀리하게 된다. 그리고 오히려 '화술'에 집중을 하게 된다. '프레젠테이션하는 법', '설득하는 법' 등을 주제로 한 책이 직장인들의 베스트셀러가 되는 것도 그와 같은 이유다. 하지만 정말 사회생활을 시작하면 읽고 쓰는 일이 없을까? 말만 잘하면 별 문제 없이 살아갈 수 있을까?

예를 들어 취직 시험을 생각해보자. 대부분의 기업은 A4 한 장 정도 분량의 자기소개서를 요구한다. 자기소개서에는 자신이 어떤 사람인지를 어필하는 문장을 써야 한다. 지금까지 살아오면서 자신에게 있어서 가장 중요한 경험을 상대방이 잘 이해할 수 있도록 정확하고 간결하게 써야 한다.

이것은 상당히 고도의 기술이다. 한 사람이 살면서 경험하는 것은 굉장히 다양하다. 지금까지 한 경험을 모두 쓴다고 한다면 당연히 종이 한 장에 다 쓸 수 없다. 최소한 20~30장은 필요할 것이다. 그러나 그렇게 많은 분량을 써서 제출한다면 과연 채점자들이 읽기나 할까? 요즘 같은 취업난에 회사에 따라서는 수천 명, 수만 명의 응시자가 지원할 텐데, 현실적으로 인사 담당자는 자기소개서를 대강 훑어보는 것으로만 '이 사람은 안 되겠군', '이 사람은 가능성이 있군' 하며 즉석에서 분류할 것이다.

바로 이 부분이 중요하다. 인사 담당자들은 가능성이 있는 사람과 그렇지 않은 사람을 어떻게 나눌까? 단순히 읽는 사람의 주관이나 기호에 따라 나눌까? 인사 담당자 개인의 기호가 다소 개입되는 것은 어쩔 수 없지만, 합격자와 불합격자를 가르는 판단 기준은 상당히 보편적이다. 바로 글쓴이가 작성한 문장을 통해 개인의 능력과 자질을 빠르게 파악하고, 그것이 회사에서 원하는 능력과 자질에 부합하는지를 판단해 합격 여부를 결정한다.

여기서 핵심은 인사 담당자가 나의 글을 보고 내 능력과 자질을 빠르게 알아챌 수 있느냐 하는 것이다. 아무리 내가 쓴 글이 내 마음에 들고 내가 보기엔 모든 것이 다 표현되어 있는 것처럼 보여도 정작 그 글을 읽는 인사 담당자가 알아채지 못하면 소용없는 일이 된다. 만약 '이 회사는 보는 눈이 없어 나를 떨어뜨렸어'라고 생각한다면 자기소개서의 목적과 글을 쓰는 이유를 다시 한 번 생각해보기 바란다. 자기소개서의 목적은 인사 담당자의 눈길을 잡아끄는 것이고, 그들이 나를 채용하도록 설득하는 게 자기소개서의 존재 이유이다.

다시 말하면 글쓰기의 제1원칙은 '제3자가 읽었을 때 어떻게 생각할까'를 늘 생각하는 것이다. 바로 '읽는 사람'의 시점으로 글을 쓰는 것이다. 개인적인 이야기를 적는 일기가 아닌 이상, 우리가 쓰는 대부분의 글은 그 '읽는 사람'을 염두에 두고 쓰는 글이다. 회사에서 쓰는 보고서는 상사와 동료를 위해, SNS의 글은 친구들이나 다수의 대중을 위해 쓰는 글이다. 내가 쓴 글을 누군가가 읽을 거라는 전제는 늘 깔려 있어야 한다.

한때 입시 학원에서 논술 첨삭을 한 적이 있다. 그때 아주 다양한 논술문들을 읽었다. 반드시 떨어질 엉터리 논술문에서부터 어떤 시험도 통과할 수 있는 수준 높은 논술문까지 많은 글들을 봐왔다.

그때의 경험에 비춰보면, 최저 점수를 받은 논술문은 자기 마음대로 써서 말하고자 하는 바를 전혀 알 수 없는 글들이었다. 몇 번을 다시 읽어도 의미가 불명확하고, 앞뒤 문장이 맞지 않았다. 본인은 쓰면서 이해했을지 몰라도, 그 글을 처음 읽는 사람들은 대체이 사람이 무엇을 말하고자 하는지 전혀 알 수가 없었다. 만약 자기소개서를 그렇게 쓴다면 그 사람은 절대 취직 시험에 합격할 수없을 것이다.

그다음으로 낮은 점수를 받은 논술문은 내용이 너무 평범해서결론을 바로 알 수 있는 것들이었다. 이런 레벨의 글을 쓰는 사람들도 시험에 떨어질 가능성이 크다.

세 번째로 낮은 점수를 받은 논술문은 독자적인 시각은 가지고있지만 논리적으로 맞지 않은 글이다. 요컨대 지나치게 기묘한 것을 추구하거나 재미에 집착한 나머지, 중요한 지문이나 과제문을충분히 이해하지 못하여 요구한 답을 쓰지 못하는 경우이다. 그럼에도 지리멸렬한 글이나 결론을 바로 알 수 있는 평범한 글과 비교한다면 애써 독창성을 보여주려 했기 때문에 더 낫다고 할 수 있다.

이보다 높은 점수를 받은 글부터가 가까스로 채점 대상이 된다.채점자나 인사 담당자가 '읽을 만하다'고 평가하는 수준의 글이다.즉, 결론이나 말하고자 하는 바가 정확히 포함되어 있는 글이다.

논술문에서는 '다음 문장을 읽고 자신의 생각을 쓰시오'라는 패턴이 많은데, 이때 의미를 정확히 파악했다는 사실을 보여주는 문장이 있으면 점수가 높아진다. 이것은 논술문 작성자가 '과제의 의도를 정확하게 이해하고 있다'고 어필하는 것이다.

가장 점수가 높은 최고 레벨의 논술문은 과제로 나온 문장의 중심 의미나 저자가 말하고자 하는 바를 정확하게 파악한 후, 그것을 자신의 경험에 비추어 새로운 개념으로 발전시켜 서술한 것이다. 이러한 논술문은 단연코 높은 점수를 받게 된다.

지금까지 논술문을 예로 든 이유는 어떤 글이든 읽은 내용(혹은 말하고자 하는 바)을 정확하게 파악한 후 써야 높은 평가를 받는다는 사실을 말하고 싶었기 때문이다. 즉, 잘 쓰기 위해서는 잘 읽어야 한다는 것이다.

읽기와 쓰기는 아주 밀접하게 연결되어 있다. 읽기와 쓰기는 각각 단독으로 단련할 수 있는 능력이 아니다. 잘 읽고 싶다면 쓰기를 전제로 읽어야 하고, 잘 쓰고 싶다면 누군가 내 글을 읽을 거라는 전제하에 써야 한다. 이렇게 할 때 비로소 읽고 쓰는 것에 대한 두려움이 사라지며, 어떤 주제와 어떤 형식이 주어지든 막힘없이 써내려갈 수 있다.

조금 더 알기 쉽게 설명해보자. 소설가들이나 기자들은 누군가가 내 글을 읽을 거라는 전제하에 글을 쓴다. 그들의 글이 완성도가 높고 사람들에게 감동을 주는 이유는 누군가가 읽을 거라는 전제하에 썼기 때문이다. 대중 앞에 서야만 하는 여배우가 TV에 등장하면 할수록 점점 아름다워지는 것과 마찬가지다. 보이는 것에 신경을 쓰다 보면 스스로가 아름다워지는 것은 당연하다.

요즘은 우리들에게도 글 쓰는 것이 낯설지 않은 일상이 되었다. 작가들처럼 긴 글은 아니지만 SNS 등에 소소한 일상을 기록하거나, 각종 온라인 게시판과 커뮤니티에 짤막하게나마 자신의 의견을 쓰고 있다. 누군가가 내 글을 읽을 것이라는 것을 알고 있으며, 더 많은 사람들이 읽기를 원하면서 글을 쓴다. 문제는 전혀 모르는 누군가가 내 글을 읽을 거라는 사실을 알고 있으며, 더 많은 사람들이 읽고 호응해주기를 바라면서도 '읽을 사람'을 전혀 고려하지 않은 채 글을 쓴다는 것이다.

이것은 마치 전혀 훈련되지 않은 축구 선수가 갑자기 경기에 나가는 것과 마찬가지로, 수준이 낮은 글밖에 쓸 수 없는 것은 당연한 것이다. 오심 전 일본 축구 국가대표 감독은 "달리기를 못하는 선수는 시합에 내보낼 수 없다"고 했다. 화려한 기술은 둘째치고 기본이 되어 있지 않은 선수는 자격이 없다는 말이다. 글도 마찬가지다. 화려한 미사여구나 기교가 중요한 것이 아니라 쓰기 이전에 제대로 글을 읽어내는 능력을 키워야 하고, 반드시 읽는 사람을 전제로 글을 써야 한다.

우리가 글을 잘 쓰고자 하는 이유는 내가 말하고자 하는 바를 보다 정확하고 명확하게 전달하고, 상대를 설득하고, 나의 의견을 표현하는 데 있다. 조용하지만 그 어떤 연설보다, 토론보다, 강력한 힘을 가지고 있는 게 글이다. 때문에 좋은 글, 나를 보다 잘 드러내고 매력적으로 보이게 하는 글을 쓰기 위해서는 평소부터 독서를 통해 기초 체력을 기르고 단련시킬 필요가 있다. 글쓰기는 방대한 독서량이 바탕이 되어야 한다.

나의 경우는 실제 글을 쓸 때 '이것을 염두에 두고 쓰면 독자들이 이해하기 쉽겠구나' 하고 독자들의 '읽기'를 의식하며 시작된다. 이처럼 '읽기'와 '쓰기'는 직접적으로 연동되어 있다. 이번 책에서 내 글쓰기 경험담을 통해 누구나 할 수 있는 글쓰기 비법을 전하고자 한다. 나와 같은 사람도 했으니, 잘 따라와준다면 이 책을 읽는 여러분들도 손쉽게 할 수 있을 것이다. 더 나아가 이 훈련을 계속해간다면 분명 어떤 글이든 자신 있게 써내려가며 자신의 의견을 전달할 수 있을 것이다.

책 읽기는 좋아하지만 쓰기는 서툰 사람도 있고 SNS는 하지만 책은 전혀 읽지 않는 사람도 있겠지만, 이 책은 모두에게 도움이 되는 내용이다. 지금은 자의든 타의든 누구나 글을 써야만 하는 시대이고, 이 책의 궁극적인 목표는 경쟁이 심한 이 사회에서 조용하지만 강력한 인상을 남기는 글을 써, 본인을 매력적으로 보이게 하는 데 있으니까 말이다.

사이토 다카시

쓸모없는
독서란 없다

우리는 지하철에서, 사무실에서, 길거리에서 하루에 수천, 수만 자의 글자를 접한다. 또 요즘은 스마트폰을 통해 수십 개의 기사와 칼럼, SNS 글을 읽는다. 그렇게 우리의 일상은 늘 글과 가까이 있다. 하지만 읽기에 대한 가치는 그 접촉점만큼이나 중요하게 여기고 있지 않는 듯하다. 모든 독서에는 가치가 있듯이, 어떤 글이든 그것을 읽는 것은 충분한 가치가 있다. 우리는 글을 읽으며 매일같이 독해력 훈련을 하고, 글을 어떻게 써야 하는지에 대해 고찰하게 되기 때문이다.

조용하지만
강력한 문장의 힘

자기 어필 과잉의 시대다. 경쟁이 치열해지고 살아남기 어려운 시대가 되면서 어떤 식으로든 자신을 드러내야 하는 시대가 되었다. 특히나 SNS가 활발해지면서 너도나도 온라인상에서 자신을 드러내고 있다. 어필하지 않으면 도전 의식이 없거나 열정이 없는 사람으로 치부되어 사람들의 관심을 사로잡지 못한다. 원하든, 원하지 않든 자기 어필의 글을 써야만 할 때가 무척 많아졌다.

당장 고등학교를 졸업하면서부터 우리는 대학 입시를 치르며 자기 어필의 글을 쓴다. 대학 입시 중 자기 추천 전형이 그렇다. 학생은 학교 성적증명서와 함께 자신이 하고 싶은 것과 자신이 어떤 사람인지를 어필하는 자기 추천문, 즉 자기소개서를 써서 제출한다. 그리고 면접관은 그 서류를 보면서 면접 볼 사람을 추리고, 소개서를 토대로 면접을 진행하여 합격 여부를 결정짓는다.

자기 추천 전형을 하는 학교가 매년 많아지는 것은 학교 측이 개성 풍부하고 특색 있는 학생을 확보하고자 하는 바람 때문이다. 수험을 치르는 학생 입장에서 봐도 그날의 컨디션에 따라 성적이 좌우될 수 있는 힘든 입학시험에 의존하기보다는 평소 공부를 성실히 하다가 자신을 어필하는 글만 쓰면 시험에 통과할 수 있기 때문에 수월한 수험 방식이라고 할 수 있다.

이뿐만이 아니다. 대학 졸업 후에는 취직을 위한 자기 어필의 글을 써야 한다. 기업은 자신들이 원하는 인재를 찾기 위해 기본 조건만 갖추면 자기소개서를 통해 신입사원을 채용한다. 그 사람의 평소 생각, 관심 분야, 일에 대한 열정 등을 글을 통해 판단하는 것이다. 그렇게 회사에 들어가기만 하면 끝인가 하면 그것도 아니다. 기획서, 프레젠테이션 등 회사 내에서도 끊임없이 글을 쓰며 자신의 존재를 증명해야 한다.

이렇게 '쓰는 힘'은 인생의 고비마다 계속 요구된다. 어쩌면 사회에서 살아남기 위한 필수 조건이라고 해도 좋을 것이다. 하지만 사람들은 '나는 글쓰기에 재능이 없어'라고 자책만 할 뿐 이제라도 글을 잘 쓰기 위해 노력하지 않는다. 기술만 알면 간단하고, 이후에 훨씬 강력한 자기 어필의 수단을 가지게 되는데도 말이다.

자기표현이 서툴고, 나서기를 두려워하는 사람들에게 글쓰기는 자기 어필의 가장 강력한 수단이다. 아니, 아무리 말을 잘하고 프레젠테이션을 잘하는 사람이라 하더라도, 글의 힘을 이길 수 없다. 말은 순간순간의 생각이 흘러나오기 때문에 논리적 오류가 생길 수 있고, 정제되지 않은 생각들로 곤경에 빠질 수도 있지만 글은 그렇지 않다. 생각이 정제되어 있고 논리정연하며 명료하기 때문에 훨씬 강력하다. 그리고 우리 사회는 여전히 말 잘하는 사람보다 글 잘 쓰는 사람이 훨씬 '있어 보인다'고 생각하는 경향이 있다.

그런데 이 '쓰는 힘'은 하루아침에 생기지 않는다. 꾸준히 '읽는 행위'가 먼저 이루어진 뒤에야 생길 수 있다. 왜 '읽기'라는 행위가 '쓰기' 전에 필요할까? 그 이유는 무턱대고 자신에 대해 쓴다 해도 초등학생·중학생이 쓰는 작문 수준에서 벗어나는 것이 쉽지 않기 때문이다. 즉, 지식 기반 없이 자신에 대해서만 주관적으로 늘어놓은 문장은 의외로 시시하고 보잘것없는 글이 되기 십상이다. 그러나 어느 정도 지적인 제재를 반영하여 그것을 읽어내는 형태로 의견을 서술한다면 그 문장은 훨씬 설득력이 강해진다.

예를 들어 영화 비평을 한다고 해보자. 〈록키〉나 〈다이하드〉처럼 패턴이 뻔하고 단순히 재미만을 위한 작품은 깊이 있는 비평을 쓰는 게 어렵다. 그러나 오구리 코헤이 감독의 〈매목〉 같은 중층적인 작품은 비평을 쓸 때 대상이 상당한 지적 수준을 요구하는 만큼 쓰는 쪽도 어쩔 수 없이 지적인 문장을 구사해야만 한다. 이 영화는 시간 축이 고대와 현대를 오가며 여러 사람들의 의식과 무의식이 복잡하게 뒤엉켜 나온다. 때문에 갑자기 낙타가 길을 걷는 장면이 등장하거나 티베트의 소수민족이 사용하는 톤파 문자가 튀어나온다. 제대로 영화를 읽어내지 못한다면 뭐가 뭔지 모르게 된다. 오구리 코헤이는 〈진흙 강〉, 〈잠자는 남자〉, 〈죽음의 가시〉 등을 찍은 감독으로 〈죽음의 가시〉는 칸국제영화제 심사위원 특별 대상을 수상했다.

여담이지만, 예전에 오구리 코헤이와 신문지상에서 대담을 한 적이 있다. 그때 오구리 코헤이의 말 중에서 인상적이었던 것이 "최근 10년 사이에 일본 영화의 관객 수준이 상당히 낮아졌다는 걸 실감했습니다"였다. 전작인 〈잠자는 남자〉를 찍었을 때와 10년 후인 지금을 비교하면, 영화의 문법을 전혀 모르는 사람이 대거 출현하여 영화가 텔레비전 드라마처럼 되어버렸다는 것이다. 스토리가 알기 쉽고 등장인물이 설명적이며 누가 봐도 알 수 있는 단순한 영화만 만들어지다 보니, 관객들의 수준도 그에 따라 낮아졌다는 것이다.

여기서 핵심은 텍스트를 읽어내는 힘을 길러야 대상을 해석하고, 자신 역시 높은 수준의 글을 쓸 수 있다는 것이다. 정말 신기하게도 아는 것이 별로 없는 사람은 글도 딱 그 정도 수준밖에 쓰지 못한다. 쓰고 싶어도 아는 게 본 게 없기 때문이다. 하지만 독서량이 풍부하고 평소에 높은 수준의 비평, 칼럼 등을 자주 읽고 소화하는 사람은 글도 그 정도 쓸 수 있다. 독해력이 곧 쓰는 힘으로 연결되는 것이다.

작가 중에서도 미시마 유키오, 가와바타 야스나리, 다니자키 준이치로, 오에 겐자부로 등 예를 들면 끝이 없지만 이들의 독서량은 보통이 아니다. 오에 겐자부로는 어렸을 때 동네 도서관의 책을 전부 읽었을 정도였다. 미시마 유키오도 엄청난 양의 책을 읽어 어떤 것에 대해서도 말할 수 있었다.

그들은 엄청난 분량의 텍스트를 읽어내는 힘을 길렀기 때문에 수준 높은 글을 쓸 수 있었다. 좋은 문장을 쓰기 위해서는 많은 책을 읽는 것이 절대적으로 필요하다. 천재적인 작가는 읽지 않아도 쓸 수 있다고 생각한다면 교만해도 보통

교만한 생각이 아니다. 세계적인 작가는 모두 엄청난 양의 책을 읽으면서 노력해왔다.

책만큼
좋은 글감은 없다

중고등학교 때 지긋지긋할 정도로 썼던 독서 감상문 숙제에서 벗어났다고 좋아하는 것도 잠시, 요즘은 회사에서도 '독서 경영'을 강조하여 전 사원이 함께 책을 읽고 토론하는 문화가 생겨났다. 월 1회, 혹은 분기별로 독서 감상문을 제출해야 하는 회사도 있다. 같은 책을 읽고 쓰는 과제이니만큼 곧바로 동료와 비교가 되니 여간 부담스러운 게 아니다. 서평 쓰기가 스트레스가 되는 순간이다.

이처럼 책을 읽고 느낀 바를 쓰라는 숙제에 대부분의 사람들은 어려움을 토로한다. 읽을 때는 분명 재미있었는데, 막상 서평을 쓰려고 하니 무엇을, 어디에서부터 써야 하는지를 모르겠다는 사람들이 많다. 읽기와 쓰기가 이어져야 하는데, 그 경계선에서 사람들은 길을 잃어버리는 것이다.

하지만 서평 쓰기만큼 쉬운 것은 없다. 왜냐하면 '책'이라는 명백한 제재가 주어져 있기 때문이다. 쓸 소재가 무궁무진하다는 것이다. 원래 글쓰기의 시작은 소재 찾기부터이다. 소재가 없는 상태에서는 상당히 고심하지 않는 한 재미있는 글을 쓸 수 없다. 수필가들이 그저 신변잡기를 쉽게 쓰는 것처럼 보이지만, 다른 사람이 읽었을 때 재미있는 글을 쓰는 것은 상상 이상으로 힘들다. 그것은 마치 우리가 평소에 친구와 웃으며 주고받는 농담이 개그맨들의 개그 소재로 사용되지 않는 것과 마찬가지다. 그런데 이미 책 속에 쓸 수 있는 무한한 소재가 있다니. 독서 감상문처럼 이미 소재가 주어진 상태에서 뭔가를 쓴다는 것은 이미 글쓰기의 반은 해결된, 매우 쉬운 일이라는 것을 인식할 필요가 있다.

게다가 독서 감상문은 '글'로 쓰인 책을 읽고, 그 책에 대해 '글'이라는 같은 소재로 쓰는 것이기 때문에 소재가 다른 음악이나 영화에 대해 쓰는 것과 비교한다면 훨씬 쉬운 일이다. 무엇보다 만들어진 소재가 같기 때문에 인용할 때도 그대로 가져올 수 있는 장점이 있다. 만약 클래식 교향곡에 대해 쓴다면 그 멜로디나 CD의 일부를 문장 가운데 넣을 수 없다. 그림이라면 사본을 붙일 수 있겠지만 만약 그것이 여의치 않을 때는 그림의 모습을 말로 설명해야 한다. 과연 그게 쉽게 가능할까? 사실 상당히 어려운 일이다.

그런 점에서 독서 감상문은 '글'이라는, 문장으로 쓰인 것에 대해 문장으로 쓰는 것이기 때문에 사실은 가장 간단한 작업이다. 만약 독서 감상문 쓰는 것을 귀찮아한다면 아마 다른 글을 쓸 때는 더욱 힘들 것이다. 그러니 어렵고 힘들다고 생각하지 말고 가장 쉬운 글쓰기라 생각하고 서평 쓰기부터 시작해보자. 생각보다 글쓰기기 쉽다는 것을 느끼고, 글쓰기가 재미있다는 것을 느끼게 될 것이다.

✳

'보는 것'이 아니라
'읽는 것'이다

✳

지하철 안에서 책을 읽는 사람의 비율을 보면 내가 처음 도쿄에 온 30년 전과 비교해서 현저히 줄어들었다. 예전에는 지하철 안에서 책이나 신문을 읽는 사람을 어렵지 않게 볼 수 있었지만, 지금은 대부분 휴대전화를 만지작거리거나 노트북으로 뭔가를 열심히 들여다본다. 언론에서 발표하는 각종 조사 결과에서도 책을 읽지 않는 사람의 비율이 해마다 늘어나고 있다. 읽는 책의 분야도 인문, 사회과학서가 눈에 띄게 줄었고, 대신 쉽고 가볍게 읽을 수 있는 추리소설 등 흥미 위주의 책이나 가벼운 에세이, 실용서가 많다.

불과 100년 전만 해도 사람들은 상당한 수준의 책을 어렵지 않게 읽어냈다. 초등학생 정도의 연령을 대상으로 한 다치카와 문고(1911년부터 약 10년간 오사카 다치카와분메이도에서 발행한 야담풍의 작은 책-옮긴이)는 그 내용이 지금 읽어도 상당히 어려운데 당시 학생들은 그 책을 모두 읽고 이해했다. 또 메이지 시대의 계몽사상가인 후쿠자와 유키치의《학문의 권장》(1872년부터 1876년에 걸쳐 발표한 후쿠자와 유키치의 논문집. 실제로 도움이 되는 학문의 필요를 강조한 계몽서-옮긴이)은 초등학생을 대상으로 썼다고 유키치 자신이 말할 정도이므로, 1900년대 초반에는 초등학생이 아무렇지도 않게《학문의 권장》을 읽은 것이다. 실제로 아이들부터 어른들에 이르기까지 대부분의 사람이《학문의 권장》을 읽었다고《무사도》를 쓴 니토베 이나조는 말하고 있다. 그런데 이《학문의 권장》은 읽어보면 알겠지만 문장이 결코 쉽지 않다.

나쓰메 소세키의《마음》을 읽은 동시대의 한 초등학생이 작가에게 팬레터를 보냈다는 이야기도 있다. 팬레터를 받은 소세키가 "이 책은 너 같은 초등학생이 읽을 만한 것이 아니야"라는 내용의 답장을 보낸 편지가 남아 있을 정도로《마음》역시 쉽지 않은 책이지만, 예전에는 아이들이 읽었고 상당히 수준 높은 문장을 독해할 수 있는 힘이 있었다.

지금을 살아가는 우리들도 학교, 사무실, 길거리, 온라인상에서 하루에 수천, 수만 자의 글을 읽는다. 일상생활 속에서 자연스럽게 읽기 훈련이 되고, 독해력이 생겨날 수 있는 환경 속에서 살고 있다는 말이다. 그런데도 모두가 읽고 쓰기에 어려움을 느끼는 게 쉽게 이해가 가지 않는다. 그토록 매일 읽고 생각하면서 왜 정작 독해력과 글쓰기 능력은 높아지지 않을까?

문제는 '읽었다'의 기준이 다르기 때문이다. 내가 말하는 '읽었다'의 기준은 '내용을 정확히 이해했느냐'는 것이다. 단순히 처음부터 끝까지 한 글자도 빠뜨리지 않고 봤다는 말이 아니다. 아무 생각도 하지 않은 채 그저 눈동자만 움직여 글자를 '본 것'을 '읽었다'고 할 수는 없다. 읽었다는 것을 정확하게 확인할 수 있는 방법은 읽고 나서 '어디가 가장 재미있었는가?', '읽을 만한 부분은 어디였나?', '저자가 말하고자 하는 바는 무엇인가?', '느낀 점은 무엇인가?', '인용하고 싶은 부분은 어디인가?'에 대해 즉시 대답을 할 수 있느냐에 달려 있다. 만약 바로 대답할 수 없다면 책을 처음부터 끝까지 '본 것'이지 '읽었다'고 할 수 없다.

예전의 아이들이 높은 수준의 글을 읽어낼 수 있었던 이유는 다음과 같다. 예전에는 아이들을 위한 책이 거의 없었기에 어린 시절부터 어려운 문장을 접하고 그런 문장에 익숙해져 있었다. 게다가 지금의 유치원생 정도의 나이부터 《논어》를 음독해서 한자에도 익숙해져 있었다. 그 과정 속에서 자연스럽게 독해력이 길러졌고 문장력이 생겨났다.

책을 보지 말고 '읽기' 위해서는 우선 내용이 충실한 것을 읽어야 한다. 책을 다 읽은 후에는 반드시 앞에서 언급한 대로 '그 책 중에서 어디가 가장 재미있었는가?', '저자가 말하고자 하는 바는 무엇인가?', '배운 것은 무엇인가?'에 대해 말할 수 있도록 훈련해야 한다. 그다음 그러한 내용을 정리해서 독서 감상문을 써보자. 이 작업을 반복하다 보면 어느새 당신의 독해력과 문장력은 상당 수준으로 올라가 있을 것이다.

리더들이
신문을 읽는 이유

요즘 같은 시대에 "무슨 신문 읽으세요?"라고 묻는다면 십중팔구 "요즘 누가 신문을 봐요?"라고 답하거나, "저희 신문 안 봐요"라며 나를 신문 외판원 정도로 취급할 것이다. 실제 신문 구독률은 급격히 떨어지고 있다. 이는 어제오늘 일도 아니며, 이미 2000년대 초반부터 진행되어온 일이다. 신문이 아니어도 정보를 접할 수 있는 시대가 되었고, 심지어 정보의 속도가 얼마나 빠른지 신문을 받았을 때는 이미 구정보가 되는 시대가 되었다. 그러니 아무도 신문을 보려고 하지 않는다. 신문을 대체할 수 있는 매체가 너무 많기 때문이다.

내가 대학에 다닐 때만 해도 대부분의 사람들이 아침에 일어나면 우선 신문부터 읽었다. 식탁에서 읽고 출근길에도 읽었다. 모든 사람들이 매일 신문 읽기 트레이닝을 하고 있었다고 해도 과언이 아닌 시대였다.

신문은 사실 읽기 쉬운 글이 아니다. 한정된 지면에 글을 실어야 하니 함축성 있는 단어를 사용하고, 그러다 보니 상당한 수준의 어휘력이 필요하다. 또한 사설, 외부 칼럼 등 사회, 정치적 이슈에 대한 주장을 펼치는 논리적 글을 충분히 이해하고 습득하는 것도 쉽지 않다. 그러니 그 시대에는 대부분의 사람들이 매일 국어의 기초를 단련하고 훈련하고 있었다고도 할 수 있다.

그런데 지금은 어떤가? 주변에 신문을 읽는 사람들이 있는가? 사람들의 독해력이 떨어지고 논리적 글쓰기가 어려워진 것은 매일 읽기 트레이닝을 하지 않는 세대의 출현과 무관하지 않다.

내가 외부 강의를 하며 만난 한 기업의 CEO는 아직도 매일 아침을 신문 읽기로 시작한다고 한다. 인터넷을 통해서도 정보를 접할 수 있지만, 인터넷에는 확인되지 않은 정보도 많고 정제되지 않은 글들이 많기 때문에 본인의 생각과 사고의 방향을 방해한다는 것이다. 그래서 반박자 늦어도 정확하게 확인된 사실과 정제된 글로 쓰인 신문을 읽는 것이 생각을 정리하고 통찰을 얻는 데 더 큰 도움이 된다고 한다.

그렇게 매일같이 단련한 덕분인지 그는 직원들에게도 꽤 존경받는 위치에 있었다. 어떤 보고서, 어떤 기획안을 가져가도 빠른 시간에 핵심을 파악하고 정곡을 찌르는 질문을 던지기 때문이었다. 매일 한 트레이닝이 그에게 판단력과 통찰력을 준 것이다.

책 한 권을 읽는 것이 부담스럽다면 아침마다 신문을 훑어보는 습관을 가져라. 신문을 훌훌 넘겨보고 내용을 바로 파악하는 것은 '읽기'의 기초 훈련이 된다. 읽기에 강한 '기초 체력'을 만드는 데 가장 간단하고 확실한 방법이 바로 신문을 매일 읽는 환경을 만드는 것이다.

문장이 자꾸만
밑줄 그으라고 손짓한다면

우리가 하루에 글자를 접하는 시간은 얼마나 될까? 하루에 2시간 이하라면 활자에 친숙하지 않은 부류에 들어간다. 그런데 아마 대부분의 사람들이 바로 이 부류에 속할 것이다.

나는 대학생 때 읽는 시간이 하루에 10시간 정도는 됐다. 너무 심하다고 생각하는 사람도 있겠지만 학생이라면 그 정도는 활자를 읽고 배워야 한다고 생각했다. 왜냐하면 지식을 빠르고 정확하게 흡수하려면 책을 읽는 게 가장 좋기 때문이다. 물론 강의도 들어야 하지만 수업 중에도 교수님이 과제를 위해 책이나 추천 도서를 말해주기 때문에 이것들을 읽어내는 것은 학생의 일이다.

대학 때 한 선생님은 "야나기다 구니오(일본 민속학의 개척자-옮긴이) 전집을 읽지 않는 사람은 학생이라고 할 수 없다"고 말씀하시고는 했는데, 시골에서 상경한 나는 이 말을 곧이듣고 전집을 산 적이 있다. 산 것까지는 좋았으나 몇십 권이나 되는 책이어서 전부 읽는 것은 역시 무리였다. 그래도 예전에는 그런 식으로 학생을 도발하는 선생님들이 많았고, 학생들도 과감하게 그것을 받아들였다. 그러한 환경 속에서 활자를 읽는 데 시간을 보내는 훈련이 거듭되어 많은 책을 읽을 수 있게 된 것이다.

그러므로 생활 속에서 활자를 읽는 시간을 가능한 한 늘리는 노력은 반드시 필요하다. 나는 학생들을 만나면 늘 "활자 중독자가 되어라"고 말해준다.

활자가 없으면 안절부절못하게 되는 상태를 활자 중독이라고 한다. 알코올 중독자가 술이 없으면 불안해하고 그 불안을 없애기 위해 무슨 술이든 마시려고 하는 것처럼 '활자 중독자'는 주변에 읽을 것이 없으면 불안해하는 사람이다. 그래서 신문에서부터 잡지, 학술서, 소설에 이르기까지 손에 잡히는 대로 온갖 책을 읽고 싶다는 욕구에 사로잡혀 있다. 매일 운동하던 사람이 갑자기 운동을 하지 않으면 몸이 근질거려 가만히 있지 못하는 것과 마찬가지다. 만약 온 국민이 '활자 중독자'가 된다면 과거의 높은 교육 수준을 다소나마 회복할 수 있을 것이며 국력은 더욱 강해질 것이다.

그런데 내가 이렇게 말하면 "할 일이 넘쳐나는데 대체 언제 책을 읽는다는 말입니까?"라고 되묻는 사람들이 있다. 그럴 때면 난 "당신이 도요타 사장보다 바쁜가요?"라고 되묻는다.

도요타 자동차 사장이었던 오쿠다 히로시나 이토추 상사의 사장이었던 니와 우이치로 등은 대단한 독서가들이다. 이들은 입을 모아 독서가 경영자에게 매우 중요하다고 말한다. 아무리 중요한 회의가 있는 날이어도, 어떤 중요하고 바쁜 일이 있어도 하루에 일정 시간 책을 읽으려고 노력한다. 1분 1초를 쪼개 쓰는 세계적 기업의 CEO에게도 책 읽을 시간은 있다.

도요타 사장보다 바쁜 사람이 과연 있을까? 바쁜 것은 이유가 되지 않는다. 나는 오히려 "대체 언제 책을 읽지 못하겠다는 겁니까?"라고 반문하고 싶다.

책을 읽을 시간이 없다고 말하는 사람은 '독서 시간'을 따로 내려고 하기 때문에 어려운 것이다. 그런데 독서란 따로 시간을 내서 하는 게 아니라 다른 일을 하면서도 할 수 있다. 책을 읽는 것과 동시에 진행할 수 없는 일은 거의 없다. 잘 때를 제외하고는 말이다.

잘 때는 의식을 잃은 상태이기 때문에 책을 읽지 못하는 것은 당연하다.

그러나 그 외에는 독서를 하면서 할 수 없는 일은 없다. 예를 들어 식사를 하면서도 책을 읽을 수 있다. 다른 사람과 함께 식사를 하는 경우는 어려울지 모르지만 혼자서 식사를 할 때는 괜찮다. 텔레비전을 보는 시간도 절호의 독서 타임이다. 텔레비전만을 보면 시간이 너무 아깝다. 텔레비전의 내용은 대부분 큰 집중력이나 사고력을 필요로 하지 않기 때문에 충분히 책을 읽으면서도 볼 수 있다.

내 경우에는 승마 머신 같은 건강 다이어트 머신에 걸터앉아 텔레비전을 보면서 독서를 한다. 책을 읽으면서 텔레비전에서 재미있는 장면이 나올 때 잠깐 보면 대강의 내용을 파악할 수 있다. 야구 중계를 볼 때도 마찬가지다. 야구는 거의 움직임이 없기 때문에 계속 보고 있는 것은 시간 낭비다. 해설자의 목소리가 고조되었을 때 눈을 돌리면 그때 충분히 중요한 장면을 놓치지 않고 볼 수 있다. 씨름도 그렇다. 모래판 위에서 승부를 내는 시간은 수십 초에 불과하므로 처음부터 계속 보고 있을 필요는 없다.

그렇지 않아도 현대인들은 시간이 없기 때문에 뭔가를 '하면서' 독서를 하지 않으면 좀처럼 뭔가를 읽을 시간이 없다.

그러니 어떤 시간이든, 어떤 공간이든 늘 손이 닿는 곳에 '읽을 것'들을 준비해두면 그 시간 속에서 충분히 읽어낼 수 있다. 그리고 그것이 몸에 배면 당연한 것이 되어 뇌는 항상 활자를 요구하게 된다. 즉, '활자 중독' 상태가 되는 것이다.

마지막으로 한 가지만 덧붙이자면, 뭔가를 '하면서 독서'를 하는 데 책을 읽는 자세는 별로 중요하지 않다. 나는 어린 시절부터 드러누워서 책을 읽는 습관이 있었다. 공부할 때는 책상 앞에 바른 자세로 앉아서 하는 게 좋지만, 책은 목욕탕이나 화장실, 지하철 등 장소를 가리지 않고 읽는 게 좋기 때문에 어떤 자세로든 읽을 수 있도록 자유를 주는 것이 좋다.

상대의 마음을 읽는
사람들의 비밀

만약 일상의 모든 상황에서 '읽을 것'이 존재하게 되면 뭔가 문제가 생기지 않을까? 인간관계가 안 좋아진다든지, 사회성이 없어진다든지, 세상과 동떨어져버린다든지 말이다.

앨런 실리토의 《장거리 주자의 고독》이라는 책에는 〈어선 그림〉이라는 단편이 있는데 '활자 중독' 때문에 일어난 문제를 그리고 있다. 주인공 남자는 책을 몹시 좋아하여 하루 종일 책만 읽는다. 그러자 여자친구가 "책만 읽지 말고 나하고 놀아요"라고 말한다. 남자는 알겠다고 하지만 그러면서도 또 책을 읽는다. 결국 여자는 남자를 떠나버린다. 혼자 남겨진 남자는 "그때 책만 읽지 말고 같이 시간을 보냈으면 좋았을 텐데……"라고 후회하며 이야기는 끝난다.

책을 좋아하는 것도 도가 지나치면 연인이 싫어할 위험성이 있다. 하지만 소설처럼 우리가 모든 일상을 내팽개친 채 책을 읽을 가능성은 거의 없고 그렇게 하는 것도 불가능하다. 오히려 '책'이라는 것을 매개로 이야기의 소재를 찾으면 된다. 연인에게 내가 읽은 책의 이야기를 들려주거나 함께 책을 읽으며 토론할 수도 있다. 뭔가를 읽으면서 동시에 인간관계를 만들어가는 '하면서 기술'이 가능한 것이다.

평소에 책을 읽는 사람들은 일상생활에서 사용하는 어휘가 풍부하기 때문에 책을 읽지 않는 사람보다 '말을 잘할' 확률도 높다. 사고방식이나 사고의 밀도도 다르기 때문에 주변 사람들에게 도움이 되는 정보를 주기도 쉽고, 상대방의 상태를 파악하고 그들에게 필요한 이야기를 정확하게 해주기도 쉽다. 그러면 자연스럽게 인간관계는 더 좋아진다. 더 많은 사람들이 그와 대화하고 싶어 하고, 그의 이야기를 듣고 싶어 하게 된다.

흔히들 읽는 것과 말하는 것, 독서와 화술은 다르다고 생각하는 경우가 많은데 이는 잘못된 생각이다. 오히려 말을 잘하는 사람들, 인간관계가 좋은 사람들이 책도 더 많이 읽고 활자에 중독된 사람들이 많다. 그들은 책을 통해 늘 '이야기'를 접하고 다양한 어휘 활용에 대해 학습이 되어 있기 때문에 일반적으로 더 말을 잘한다. 그리고 이야기를 재미있게 구사하고 듣고 싶은 이야기를 들려주다 보니, 사람들 사이에서도 인기가 높다.

하지만 이는 단시간에 되는 게 아니다. 읽고 말하는 것을 연결하려면 오랜 시간의 훈련이 필요하다. 그래서 나는 어린 시절의 가정교육을 특히 강조한다.

부모가 비교적 독서를 좋아하는 경우, 아이들은 독서를 당연하게 받아들여서 책읽기를 좋아할 경향이 높다. 가정 내에서의 활자량, 즉 부모가 축적한 활자량이 자연스럽게 아이들에게 축적되는 것이다. 집에 책장이 있는 집과 없는 집을 비교한다면, 책장이 있는 집의 아이들이 자연스럽게 책을 좋아하는 마음을 갖게 된다.

책장 이야기가 나온 김에 하나만 더 말하고 싶다. 미야자와 겐지의 《은하철도의 밤》의 첫 장면에는 학교 선생님이 은하 사진을 가리키며 "여러분, 이것이 뭔지 알아요?"라고 묻는 장면이 나온다. 모두 고개를 갸웃거리며 사진을 쳐다보고 있는데, 조반니라는 아이는 혼자 생각한다. '아, 저건 칸파넬라의 집에서 본 적이 있어'라고 말이다.

칸파넬라의 아버지가 책을 좋아해서 칸파넬라의 집에는 책과 별에 대한 사진이 많았다. 조반니는 친구 집에 가서 그것을 보고 책이 많은 집을 동경한다. 친구 아버지의 책을 보고도 이 정도로 영향을 받는데, 자신의 집에 책이 많다면 전부 읽지 않더라도 그러한 환경이 아이들의 지적 호기심에 영향을 주지 않을까?

지적 사고 능력은 물론이고 우리가 살아가며 필요한 사회생활의 기본 능력에는 '읽기'가 있다. 때문에 가족 전원이 활자에 빠져 '활자 중독'의 길로 돌진한다면 그 장점은 가늠하기 어려울 정도로 클 것이다. 내 아이를 리더십 있는 아이로 키우고 싶다면, 영어 유치원이나 수학 학원에 보낼 것이 아니라 책을 읽을 줄 알고, 책을 좋아하는 아이로 키우는 게 더 낫다. 그것이 더 빠르고 쉽게 목표에 도달하는 방법이니 말이다.

무엇보다
'재미'가 있어야 한다

여기까지 이 책을 읽었다면, '그럼 이제부터라도 책을 읽어볼까?'라고 생각하는 사람들이 적지 않을 것이다. 하지만 갑자기 글자가 빽빽하게 채워진 책을 의욕적으로 읽으려 해도 10페이지를 넘기는 게 쉽지 않을 것이다. 몇 페이지만 넘겨도 졸음이 쏟아지거나 금세 포기하고 싶은 마음이 솟아날 것이다.

그런 사람들에게는 우선 '잡지'를 권한다. 책 읽는 것을 힘들어하는 사람들도 잡지는 쉽게 생각하기 때문이다. 잡지는 문장이 짧기 때문에 금방 읽을 수 있다. 또 사진 자료 등

시각을 자극하는 편집 때문에 큰 집중력 없이도 읽어 내려갈 수 있다. 여성이라면 패션 잡지도 좋고 남성이라면 스포츠 잡지도 좋다. 어쨌거나 잡지를 읽고 그 세계에 깊이 빠져보는 연습을 하는 것이 시작이다.

만약 자신의 돈으로 잡지를 사는 게 아깝다면 카페나 만화 카페, 미용실, 은행, 병원 등에 비치되어 있는 잡지를 보면 된다. 공짜로 잡지를 읽을 수 있는 곳은 생각보다 많다. 또 잡지를 읽을 때는 평소 자신이 보지 않던 잡지를 권한다. 그러면 본인의 관심 안테나가 확장될 것이다. 예를 들면 남자들은 여성지를 거의 읽지 않는다. 하지만 머리를 자르러 간 미용실의 짧은 대기 시간에 여성지를 훌훌 넘겨보는 것만으로도 여성들의 최근 관심사나 세상 돌아가는 상황을 파악할 수 있다.

잡지에 익숙해지면 다음 단계로 잡지에 실린 에세이나 칼럼을 읽어보자. 잡지에는 다양한 사람들의 글이 실려 있다. 자신이 좋아하는 주제의 내용을 찾아 읽어보고, 그중에서도 글이 마음에 드는 작가나 기자가 있다면 그 사람이 쓴 책을 찾아 읽어보는 것도 좋다. 사고방식이 마음에 드는 사람, 문체가 마음에 드는 사람 등 자신만의 기준으로 좋아하는 '작가'를 찾고 잡지를 벗어나 단행본이나 문고본 등을 찾아보며 자연스럽게 책의 세계로 옮겨가는 것이다.

여기서 가장 중요한 것은 '재미있어 보이는 것'을 읽기 시작해야 한다는 것이다. 재미있는 것을 찾는 안테나가 발달하면 읽을거리를 정확히 선택할 수 있게 된다. 게다가 안테나의 폭이 넓어지면 넓어질수록 읽고 싶은 것도 늘어난다. 지적 호기심을 점점 자극하기 때문이다. 이것이 가장 중요하다.

안테나를 넓히기 위해서는 우선 많은 종류의 글을 읽는 것에서부터 시작하는 게 좋다. 마치 고구마 넝쿨을 잡아당기면 연달아 고구마가 딸려 나오는 식으로 세계가 확장된다.

예를 들어 선사 시대에 관심이 생겼다고 하자. 이집트의 고고학이나 일본의 조몬 시대(일본의 선사 시대 중 조몬 토기를 사용한 시대로 약 1만 2000년 전에 시작되어 기원전 2~3세기까지 계속되었다. 사람들은 지표에 수직으로 판 구멍 속에 살면서 주로 수렵, 어로, 채집을 하며 생활했다-옮긴이)에 대한 책을 찾다가 오카모토 다로가 쓴 책을 발견한다. 그것은 조몬 토기를 미술 작품으로 평가한 책이다. 그러다 보면 그 책이 계기가 되어 오카모토 다로의 세계에 빠져들게 된다. 오카모토 다로의 세계에 빠졌다면 다음에는 미술 관련 책으로 옮겨가도 좋고, 오카모토 다로의 친구였던 프랑스 작가 조르주 바타유로 옮겨갈 수도 있다. 아니면 오카모토 다로의 스승이었던 사회인류학자

마르셀 모스의 저서로 옮겨가는 것도 재미있을 것이다.

이처럼 '재미'에서 시작하면 세계는 얼마든지 넓어질 수 있다. 하나의 계기로 지적 호기심을 따라가다가 조금씩 그 세계에 들어 가다 보면 이 세계에서는 무엇이 무엇에 영향을 끼쳤는지 관계성 이 보이고, 대부분의 것이 연결되어 있다는 것을 알 수 있다. 하나 의 영역에 깊은 흥미를 느껴 깊이 파고들고자 한다면 깊이 읽어야

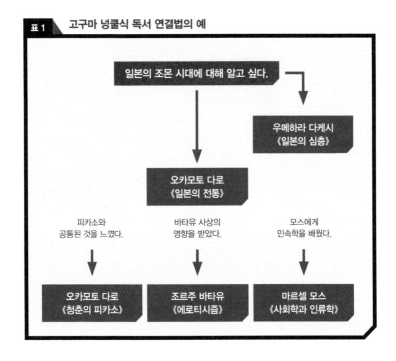

표 1 ┃ 고구마 넝쿨식 독서 연결법의 예

한다. 그러면 필연적으로 넓게 읽게 될 것이고, 고구마 넝쿨을 잡아당기면 연달아 고구마가 딸려 나오는 식으로 키워드가 확장될 것이다.

많이 읽는 것 vs.
제대로 읽는 것

✳

'독서는 선택이 아닌 반드시 읽어야 하는 것'이라고 말하고 다니다 보니, 그렇다면 몇 권을 읽어야 적당한 거냐고 묻는 사람들이 꽤 있다. 어떤 이는 신년 계획으로 100권 읽기를 목표로 세웠다는 사람도 있고, 어떤 이는 일주일에 한 권씩 읽기를 목표로 정했다고도 한다. 또 어떤 이는 올해 성경 한 권만 제대로 읽겠다고 하는 사람도 있다.

많이 읽는 게 좋을까? 아니면 한 권이라도 제대로 읽는 게 좋을까? 이 질문은 이렇게 바꿀 수도 있겠다. 넓게 읽는 게 좋을까?

아니면 깊이 읽는 게 좋을까? 거기에 대해 대답을 하자면 '넓게 읽는 것과 깊이 읽는 것을 연동하여 읽는 것이 가장 좋다'고 답하고 싶다.

넓게 읽는 사람은 대부분 깊이 읽을 수 있다. 왜냐하면 깊이 읽으려면 어느 정도 넓게 읽어야만 깊이 파내려갈 수 있기 때문이다.

읽는 힘은 거기에서 뭔가 의미를 파내는 힘이기 때문에 파내기 위해서는 그 사람이 어떤 도구를 가지고 있는가가 중요하다. 예를 들어 땅을 판다고 가정해보자. 손으로 파는 사람, 장난감 삽으로 파는 사람, 삽이나 곡괭이로 파는 사람, 전동 삽으로 파는 사람, 커다란 포클레인으로 파는 사람, 보링기 같은 것으로 온천이나 석유를 파는 사람 등 어떤 도구를 가지고 있느냐에 따라 파는 깊이도 완전히 달라질 것이다.

넓게 많이 읽는 사람은 거대한 기계로 땅을 파는 것과 같다. 단번에 깊은 곳까지 팔 수 있다. 반면 읽은 것이 별로 없는 사람은 마치 손으로 파는 것과 같다. 아무리 오랜 시간 파더라도 파는 깊이에 한계가 있다.

지금까지 책을 1년에 10권 이하로 읽는 사람은 손으로 땅을 파는 상태이다. 아무리 파도 더 깊이 읽기란 불가능하다. 1년에 30권 정도 읽는 사람이라면 장난감 삽 정도의 상태이다. 여전히 깊게 파기란 힘들다. 삽이나 곡괭이 단계가 되려면 연간 50권 정도는 읽어야 한다. 100권이 되면 전동 삽으로 힘차게 파는 정도의 레벨이 된다. 조금 어려운 책을 읽어도 크게 힘들이지 않고 이해할 수 있다. 땅을 파는 기계를 손에 넣기 위해서라면 우선 많은 책을 읽는 게 중요하다. 읽은 책의 권수가 늘어갈수록 기계는 업그레이드될 것이다.

이렇게 매년 100권을 읽는다면 10년이면 1000권이 된다. 1000권을 읽고 나면 '읽는 힘'이 완전히 몸에 배게 된다. 그때는 어떤 책이라도 훑어보기만 하면 대강의 내용을 힘들이지 않고 파악할 수 있는 경지에 이르게 된다. 또한 읽는 속도도 빨라진다. 처음에는 천천히 읽어야 이해가 되었지만, 그때가 되면 빠르게 읽어 내려가도 이해의 정도는 정확해진다.

그러므로 '여러 가지를 넓게 읽는 것이 좋은가? 아니면 한 권의 책을 깊이 있게 읽는 것이 좋은가?' 하는 양자택일의 문제는 질문 자체가 잘못된 것이다. 넓게 많은 책을 훑어보고 특별히 마음에 드는 책을 꼼꼼하게 읽으면 된다. 책을 잘 읽는 사람은 거의가 다독가에 가깝다.

그다음으로 중요한 것은 읽은 것을 헛되이 하지 않는 것이다.

즉, 읽은 것을 내 것으로 만드는 '흡수력'을 높여야 한다. 시간을 들여 읽어도 흡수도가 낮으면 결과적으로는 시간만 낭비한 셈이 된다. 10권 읽었다면 가능한 한 그것을 흡수하여 10권 전부를 활용할 수 있게 해야 한다.

20권을 읽었다고 해도 대부분의 내용을 흐릿하게 기억하고 있는 사람보다는, 10권밖에 안 읽었지만 흡수도가 높은 사람이 20권을 읽은 사람보다 '활용할 수 있는 독서'를 한 것이다. 이것이 매우 중요한 포인트이다. 단지 '읽기 위한 읽기'는 아무런 쓸모가 없다. 읽은 것을 '활용'할 수 있어야 독서의 효용을 제대로 느낄 수 있다.

그렇다면 어떻게 흡수도를 높일 수 있을까? 보통 사람들은 누군가에게 뭔가를 전달해야만 한다고 생각할 때 진지해진다. 그러므로 읽은 책에 대해 다른 사람에게 말해야 한다고 생각하면 뭐든지 하나라도 더 기억하려 노력하고, 그에 따라 집중력도 높아진다.

거기에 포인트가 있다. 읽은 것을 다른 사람들에게 말하는 연습을 하면 흡수력도 높아진다. 교사는 학생들에게 지식을 전달하는 것이 일이므로 책을 읽을 때도 좋은 부분이 있으면 '이 부분을 학생에게 알려줘야지'라고 생각하며 읽기 때문에 흡수도가 높다. 교사는 책 읽기 좋은 환경에 있다고 할 수 있다.

나는 《교육력》이라는 책을 이와나미 신서로 냈는데, 그때 어느 독자로부터 편지를 받았다. 그 사람은 이와나미 신서를 1권부터 전부 읽었다고 했다. 그리고 내가 쓴 《교육력》에 대한 비평을 보내 왔는데, 너무나 정확하게 집어내어 대단한 사람이라고 생각했다. 알고 보니 그분도 역시 교사였다.

내가 어렸을 때도 선생님은 자주 책 이야기를 해주었다. 중학교 때는 여러 선생님이 매주 다른 책 이야기를 해주었다. 국어 선생님 이 우메하라 다케시의 《숨겨진 십자가》라는 책 이야기를 해준 적 이 있었는데, 중학생이 자발적으로 우메하라 다케시의 책을 손에 드는 일은 쉽지 않은 일이었다. 우메하라 다케시라는 이름을 아는 학생도 거의 없을 것이다. 그렇지만 선생님이 재미있게 이야기해 준 것이 기억에 남아 그 후 고등학생, 대학생이 되어 서점에 갔을 때 자연스럽게 그 책에 손이 갔다.

선생님들의 책 이야기에 영향을 받으며 살아온 내가, 참 재미 있게도 지금은 선생님이 되어 역으로 학생들에게 영향을 끼치며 가르치게 되었다. 그래서 그들에게 늘 하는 말이 있다. 어떤 과목 의 교사가 되든지 수업의 첫 5분간은 읽은 책 이야기를 하라고. 사 회과 교사라고 꼭 관련 분야의 책 이야기를 할 필요는 없다. 스티 븐 제이 굴드의 《다윈 이후》 이야기를 해도 좋고, 리처드 도킨스의

《이기적 유전자》 이야기를 해도 좋다. 그저 자기가 읽은 책 이야기를 학생들에게 들려준다면 학생들의 지적 호기심을 자극하여 독서를 좋아하는 사람이 될 것이다.

교사를 예로 들어 말하기는 했지만, 읽은 것을 더 잘 기억하려면 읽은 것에 대한 이야기를 들려줄 상대를 찾아보는 것이 좋다. 사람이 아니어도 서평 노트를 만들어 읽으며 느낀 것을 써내려가도 좋다. 그렇게 뭔가를 남기려는 생각만으로도 독서의 질은 충분히 높아질 수 있다.

서평 쓰기의
시작

앞서 책의 내용을 다른 사람에게 말하는 것을 전제로 읽으면 책의 흡수도가 높아질 거라는 이야기를 했다. 하지만 누군가를 가르치거나 강연, 연설 등을 하는 사람들이 아니라면 주기적으로 읽은 책에 대해 말할 수 있는 기회를 가지기는 쉽지 않다. 이럴 때 독서 동아리 등을 만들어 읽은 책에 대해 의견을 나누면 좋겠지만 일반 직장인들에게는 이 역시 쉽지 않다.

그래서 나는 직장인들에게는 '서평 쓰기'를 권한다. 서평 쓰기는 시간과 공간에 제약받지 않고 할 수 있기 때문에 바쁜 직장인들에게는 더할 나위 없이 좋은 수단이다. 출퇴근길에 할 수도 있고 업무 중 쉬는 시간에 잠깐 메모를 할 수도 있다. 그렇게 생각의 단상들을 모으면 한 편의 서평이 완성된다. 서평은 '읽기 — 말하기 — 쓰기'가 하나로 연결되는 과정으로 이만큼 좋은 훈련은 없다. 이것이 습관화가 되면 독해력과 글쓰기 능력은 물론 말하기 능력까지 자연스럽게 기를 수 있다.

하지만 많은 사람들이 서평을 쓰라고 하면 뭔가 대단한 일처럼 느끼고 지레 겁을 먹고 손사래를 친다. 어렵게 생각하기 때문이다. 아마도 그건 서평을 감상문이라기보다는 반성문에 가까운 느낌으로 쓰기 때문인 것 같다. '그 부분은 어땠어?', '어떻게 느꼈어?' 하고 일일이 체크를 당하는 것 같은 느낌을 받는 것이다. 이 책은 내가 읽은 책이 맞는다는, 일종의 증명 과정이라고 생각한다.

이럴 땐 이렇게 간단하게 생각해보면 좋다. 서평을 쓴다고 생각하지 말고 그저 내가 읽은 책을 다른 사람에게 추천한다는 느낌으로 쓰는 것이다. 그래서 내가 추천하는 방법은 '책 광고 POP 써보기'다. 서점에 가면 책 옆에는 책을 읽고 싶게 만드는 책 광고 POP가 세워져 있다. 출판사가 책을 가장 매력적으로 표현하고 읽고 싶게끔 만든 광고로 책을 가장 먼저 읽은 출판사의 서평이라고 할 수 있다. 수많은 고민 끝에 나온 문장들이니만큼 책에 대한 핵심적인 문장들이 적혀 있다.

책을 읽고 책 광고 POP 쓰기를 해보면 생각보다 재미있다. 긴 글을 쓸 필요가 없이 카피를 쓰듯이 자신의 느낌을 간결하게 문장으로 쓰면 되기 때문에 부담도 없다. 책의 주요 메시지, 소재, 특징 등에 대해 써보고 자신이 느낀 바를 솔직하고 간결한 문장으로 정리해보자. 누가 읽으면 좋은 책인지, 어떤 부분에서 도움을 얻을 수 있는 책인지, 읽고 나면 어떤 변화가 생기는지 등에 대해 허심탄회하게 써보는 것이다. 〈표 2〉는 모리오카 시 사와야 서점의 마

표 2	모리오카 시 사와야 서점의 마츠모토 다이스케가 손으로 쓴 POP

> "좀 더 젊었을 때 읽었더라면……."
> 이런 생각을 하지 않을 수가 없었다.
>
> **무엇인가를 창조하는 데 지름길은 없지만,**
> **최단거리를 보여주는 지침이 되는 책입니다.**
> _ 모리오카 시 사와야 서점, 마츠모토 다이스케
>
> # 사고의 정리학
>
> 도야마 시게히코 지음, 치쿠마 문고

츠모토 다이스케가 쓴 책 광고 POP이다. 마츠모토 다이스케처럼 써도 좋고 서점에서 인상 깊게 본 책 광고 POP 형식을 빌려 써도 좋다.

그다음 책 광고 POP의 문구를 조금 늘리면, 훌륭한 추천의 글이 된다. 서평 쓰기는 자신의 감상만으로 끝나버리지만 추천문은 밖으로 향하는 글이기 때문에 쓰기에 대한 동기부여가 된다.

그렇다면 이번에는 책 광고 POP보다 조금 긴 추천의 글쓰기에 도전해보자. 우선 추천의 글을 잘 쓰는 방법은 그 책을 추천하는 이유를 소리 내어 말해보는 것이다. 혼잣말이라도 상관없다. 여러 번 소리 내어 말하다 보면 익숙해진다. 클라이맥스라고 여겨지는 곳을 찾아내고 핵심 문구를 뽑아내는 것도 좋다. 책에서 인용문을 뽑아내는 과정은 책의 주요 흐름과 메시지를 뽑아내는 과정이며, 그 훈련을 통해 보다 더 책을 잘 이해하고 잘 쓸 수 있게 된다.

나는 늘 논문이나 책을 쓸 때면, 꼭 필요한 인용 부분을 먼저 찾아 기록해둔다. 책에 표시를 할 때도 있고, 노트에 옮겨 적을 때도 있고, 바로 컴퓨터에 입력을 할 때도 있다. 그렇게 해두면 원고지의 1~200매는 확실히 쓴 셈이 되므로 그것만으로도 상당히 마음이 편해진다.

다만 인용을 했다면 인용한 문장만 쓰지 말고 반드시 그다음에

표3 추천의 글 예시

가미오카 노부오, 《이 바람에 트라이》 추천의 글

_사이토 다카시

《배터리》에 감동했다면, 이번엔 럭비다!

차가운 몸에는 아무 일도 일어나지 않는다!
온몸으로 부딪쳐보자!
반드시 뭔가가 시작될 것이다!
그런 뜨거운 메시지가 모든 페이지에서 뜨거운 김처럼 피어오른다.
저자인 가미오카는 영문학자이자 순수한 럭비광이다. 영문학자가 소년들을
흥분시키는 소설을 쓴다는 것은 언뜻 보기에 이상하지만, 나쓰메 소세키도
실은 영문학자였다.
럭비는 땀범벅이 되고, 흙투성이가 되어도 동료들과 어깨동무를 하고 서로
서로 도와가며 '앞으로' 나아가는 스포츠이다. 뜨거운 몸과 마음이 없으면
할 수 없다.
'타인을 괴롭히는 인간은 뇌와 몸이 분리된 놈이다.'
이런 뜨거운 메시지를 만날 수 있는 작품이다.

는 그 문장을 인용한 이유를 써야 한다. 인용에 대해 자신의 의견
을 쓰고, 다음 인용 부분과 연결하기 위해 논리를 만들어 글을 보
태고……. 즉, 인용문의 앞뒤에 옷을 입히는 것이다. 벌거벗은 인용

은 부끄러우니 옷을 잘 입히고 화장을 시킨다는 느낌으로 앞뒤의 문맥을 만들어 그것을 연결해가면, 멋진 패션쇼처럼 전체가 연결 되어 하나의 글이 완성된다.

한 줄 한 줄
수집하기

요즘은 중고 시장이 활성화되어 책을 깨끗이 읽는다면 다시 되팔고, 또 다른 책을 살 수 있다. 내 주변에도 그런 식으로 책값을 충당하는 사람들이 꽤 있다. 물론 매우 경제적이고 책값이 부담스러운 요즘 같은 때에는 유용한 방법이기는 하지만 사실 나는 별로 권하고 싶지 않다. 책을 깨끗하게 읽으려고 노력하다 보면 책에 몰입할 수 없고, 그러면 책을 읽고 나서도 남는 게 별로 없기 때문이다. 나도 예전에 책을 깨끗이 읽으려고 노력한 적이 있었는데, 그 시기에 읽은 책은 내용을 거의 기억하지 못한다.

책은 다시는 헌책방에 팔 수 없을 정도로 지저분하게 보는 것이 좋다. 밑줄 긋고, 메모하고, 접고 하면서 읽으면서 동시에 생각을 같이 정리하는 것이다. 인용하고 싶은 부분에 빨간색이나 초록색으로 밑줄을 치고, 그 내용을 다른 사람에게 들려주면 된다. 신기하게도 그냥 읽거나 들은 것은 잊어버리지만 자신이 이야기한 것은 좀처럼 잊어버리지 않는다.

밑줄 긋기보다 더 좋은 것은 옮겨 적는 것이다. 한 번 써보면 더 오래도록 기억할 수 있다. 에너지를 사용한 만큼 흡수력이 높아진다. 그러므로 정말로 중요한 것은 한 번 써보는 것이 효과적이다. 이처럼 쓸 것을 전제로 읽으면 어디를 어떻게 인용할까에 대해 집중하고 읽게 되므로 흡수도가 높아진다.

인용을 확실히 하기 위해서 권하는 방법은 3색 볼펜을 사용하는 것이다. 나는 책을 읽을 때, 빨강, 파랑, 초록이 들어 있는 3색 볼펜을 늘 사용한다. 3색을 사용하는 방법은 다음과 같다. 우선 '저자가 말하고자 하는 가장 중요한 부분'은 빨간색으로 밑줄을 긋는다. 그다음 '정보로서 중요한 부분'은 파란색으로 표시한다. 마지막으로 '개인적으로 마음에 들거나 재미있다고 느낀 부분'은 초록색으로 줄을 친다.

일일이 색을 구분해 밑줄을 치는 게 귀찮다면 처음에는 한 가지

색만 사용해도 상관없다. 참고로 초록색만 사용하면 부담 없이 책
장을 넘길 수 있을 것이다. 그것조차 귀찮다면 키워드만을 찾아 동
그라미를 치며 읽어나가는 '키워드 주의 방식'도 있다. 그러면 더
빨리 읽을 수 있다. 키워드가 많이 있어서 중요한 부분은 아래 페
이지의 모서리를 접어두는 것도 좋다. 그중에서도 인용하고 싶을
정도로 좋은 부분은 페이지 위쪽 모서리까지 접어두면 특별한 표
식이 되어 나중에 찾아보기 수월하다. 더욱 눈에 띄게 하고 싶으면
포스트잇을 붙여두는 것도 좋다.

이렇게 여러 가지 방법으로 표시해두면 '책을 읽은 느낌'이 나
서 뿌듯함까지 느낄 수 있다. 마치 야구 선수가 오래 사용하여 손
에 익숙해진 글러브나 발에 익숙해진 스파이크 같은 느낌과 같다.
여기저기 접혀진 책을 보면 '아, 이 책은 정말 나만의 것이 되었구
나' 하는 느낌까지 들 것이다. 그런 책을 모아만 가도 서재에 좋은
책이 빼곡해질 것이다.

혼자
글 쓰는 시간

자, 지금부터 글쓰기를 시작한다고 생각해보자. 무엇을 쓸 것인가, 어디서부터 쓸 것인가, 어떻게 쓸 것인가. 혹시 벌써부터 머릿속이 하얗게 변하고 당장이라도 때려치우고 싶은 생각이 들지 않는가? 우리가 처음 자전거를 타던 시절을 떠올려보자. 그때 자전거는 무시무시하고 도저히 정복할 수 없는 것처럼 보였다. 하지만 한 번 방법을 익히고 나니 20년이 지나도 몸이 기억하고 있어 금세 자전거를 탈 수 있지 않은가? 글쓰기도 그렇다. 한 번 정복하고 나면 아무것도 아닌 일이 되며, 몸으로 익혔기 때문에 시간이 흘러도 절대 까먹지 않는다.

글쓰기의 가장 큰 적은
두려움이다

✦

"선생님처럼 쓰려면 어떻게 해야 하죠?", "선생님은 글쓰기가 즐거우세요?" 학생들에게 글쓰기에 대한 참 다양한 질문을 받는다. 지금까지 몇 권의 책을 썼으니, 사람들은 내가 종이만 있으면 무엇이든 술술 써내려갈 수 있다고 생각한다.

유명 소설가들에게 물어보면 대부분이 글쓰기가 즐겁지 않다고 생각한다. 특히나 첫 문장을 쓰는 데는 엄청난 인고가 필요하다고들 한다. 그만큼 뭔가를 쓰기 시작하는 것은 어려운 일이다. 나도 마찬가지다. 한 글자도 쓰여 있지 않은 원고지를 보면 늘

긴장되고 가슴이 답답해진다. 새 하얀 모니터를 띄워놓고 며칠째 한 글자도 쓰지 못하는 작가들처럼, 나도 가끔은 빈 원고지만 바라본 채 한 글자도 쓰지 못한다.

얼마 전, 초등학생들을 대상으로 글쓰기 강의를 했다. 초등학생들은 어른들과 마찬가지로 글쓰기를 아주 싫어하는 데다가, 설득하기도 힘든 존재라서 초등학생들을 데리고 글쓰기 수업을 하려니 막막했다. 그래서 생각한 것이 바로 만화《도라에몽》이었다.

수업 중 학생들에게《도라에몽》만화책을 나눠주고, "진구(《도라에몽》의 주인공-옮긴이)가 한 말을 그대로 사용해도 좋으니 나눠준 만화의 스토리를 전부 원고지에 써오세요"라고 했다. 그랬더니 놀랍게도 다음 시간에 거의 모든 학생이 과제를 제출했다. 완성도가 높은 글도 있었고 그저 진구의 대사를 나열해온 글도 있었지만 어찌되었든 과제 제출률이 높아졌다. 좋아하는 것을 쓰게 했더니 초등학생도 쓸 수 있었다.

《도라에몽》을 교재로 삼은 이유는 글쓰기에 대한 허들을 낮추고 싶었기 때문이다. 쓰는 것에 대한 두려움을 없애고 싶었다. 그래서 우선은 학생들이 가장 좋아하는 만화나 책에 나오는 대사로 쓰는 연습을 하게 하여 쓰는 행위 자체에 대한 즐거움을 주고 싶었다. 그렇게 글을 쓰는 것이 몸에 배면 나중에 쓰기가 부담스럽지 않아진다.

또 만화에는 이미 대사가 쓰여 있으므로, 그것을 모두 적은 후 대사와 대사를 연결하는 글쓰기를 하다 보면 문맥을 읽어내는 힘도 길러진다. 게다가 대사의 인용이 많아지면 어찌되었든 많은 양의 글을 쓸 수 있게 된다. 한 편만 써도 원고지 10~20매는 훌쩍 넘는다. 그렇게 글을 다 쓰고 자신의 글을 보면 마치 시나리오 작가가 된 듯 뿌듯해지고, 그 기쁨은 곧 글쓰기의 즐거움으로 변한다.

노벨라이즈로 글에 살을 붙여보자

글쓰기에 대한 두려움이 어느 정도 극복되었다면, 이번에는 좀 더 다듬은 글을 써보기로 하자. 앞서 예로 들었던 《도라에몽》 스토리에 살을 붙이는 작업을 해보는 것이다. 예를 들어 만화에 그림으로 표현된 부분들을 글로 표현해보는 것이다. 도라에몽과 진구의 표정이나 장면에서 장면으로 넘어가는 순간의 사소한 전개의 비약 등을 자신만의 글로 채우는 것이다. 그래서 만화를 보지 않은 사람들도 그 모든 장면을 상상할 수 있게 말이다. '진구는 예상과 달리 자신의 능력 이상의 일을 요구받자, 매우 경악하고 있다', '그 실수의 뒤처리를 하는 것은 언제나 도라에몽의 몫이다'와 같이 말이다.

이 작업이 바로 '노벨라이즈(소설화)'이다. 만화 혹은 드라마처럼 대사로만 구성되어 있는 콘텐츠를 그림이나 화면 없이도 이해할 수 있도록 한 편의 소설로 만드는 작업이다. 영화로도 만들어져 유명한 《데스노트》는 원래 만화였다. 이것을 니시오 이신이 《데스노트 어너더 노트》라는 책으로 노벨라이즈했는데, 《데스노트》의 상황을 그대로 빌려온 뒤 거기에 등장하는 '엘'이라는 머리 좋은 괴짜 명탐정에게 초점을 맞춰 소설로 새롭게 각색했다. 그렇게 원작에는 쓰여 있지 않은 독자적인 스토리를 만들어낸 것이다.

이처럼 상황을 빌려와서 쓴다면 비교적 글쓰기가 쉽다. 물론 전문 작가처럼 재미있는 문장은 쓸 수 없을지도 모르지만, 써보면 의외로 재미있고 수월하게 쓸 수 있다.

글쓰기에 대한 두려움을 극복하는 가장 좋은 지름길은 좋아하는 만화나 영화의 대사를 써보거나 노벨라이즈해보는 것이다. 좋아하는 드라마의 속편을 써보는 것도 좋다. 상상의 세계가 확대되면 쓰는 즐거움을 맛볼 수 있다.

단, 처음에는 쓰는 방식에 너무 신경 쓰지 말고 시작하자. 스토리 라인을 짜거나 기승전결 등 이야기 자체에 너무 신경 쓰고 구성과 형식에 집중하다 보면, 쓰는 것 자체에 대한 즐거움이 방해받을 수 있기 때문이다. 결말이나 구성에 대해 너무 신경 쓰지 말고, 자신이 쓴 문장이 다음 문장을 불러오는 느낌으로 써내려가 보자.

만화만큼 좋은
텍스트도 없다

어떤 일이든 그렇지만 특히 하기 싫거나 힘든 일인 경우에는 그나마 자신이 좋아하고 관심 있는 것을 찾아내 시작하는 게 좋다. 그래야 일이 훨씬 수월해진다. 앞서 말한 사례처럼 5분도 채 가만히 앉아 있지 못하는 초등학생들이 원고지 10장을 가득 채운 글쓰기를 해온 것도 자신들이 좋아하는 만화를 주제로 글을 썼기 때문이다.

그런데 내가 '만화'를 선택한 이유는 좋아하는 것 이상으로 글쓰기에 중요한 포인트가 있기 때문이다. 바로 '상상력'이다. 글쓰기를 잘하려면 상상력이 풍부해야 한다. 픽션은 물론이고 논설문이든 에세이든 모든 글쓰기의 기본은 '창작'이기 때문이다. 빈 원고지가 주어졌을 때 백이면 백 모두가 다른 글을 쓰듯이 글은 절대 100% 똑같은 글이 나올 수 없다. 심지어 같은《도라에몽》을 가지고도 같은 글이 나올 확률은 아주 낮다. 인용을 하더라도 모두가 다르고, 그 인용을 하나의 문장으로 엮더라도 모두가 다르게 한다. 바로 쓰는 사람의 상상력이 반영되기 때문이다.

글쓰기는 창작이다. 물론 어느 정도 기본 스킬이 필요하고 훈련도 필요하다. 하지만 어떤 이야기를 앞에 배치하고 어떤 사례를 어디에 넣어 어떻게 풀지는 전적으로 글쓴이에게 달려 있으며, 글쓴이의 머릿속에서 그려진 뒤 종이에 글로 풀어져 나오게 된다. 그래서 이 과정에 대한 훈련은 아주 중요하다. 스킬은 배우면 되지만 이 부분은 딱히 말로 설명할 수도, 첨삭으로도 되지 않는다.

이때 만화는 큰 도움이 된다. 만화 역시 이미 그림으로 그려져 나온 창작물이지만, 컷과 컷 사이에는 수많은 생략이 숨어 있고 그만큼 읽으면서 상상할 수 있는 틈이 있기 때문이다. 만화에는 '간격'과 '공간', '침묵'과 '상징'이 들어 있어서 읽는 사람은 의도치 않게 상상력을 발휘하게 된다. 물론 우라사와 나오키의《야와라》,《몬스터》등은 개인의 상상력이 개입할 여지가 적은 편이다. 왜냐하면 그림이 매우 영화적이어서 그대로 영화의 장면 콘티로 사용할 수 있을 정도이기 때문이다. 하지만 보통의 만화는 대부분 열려 있어 상상력을 자극한다.

우라사와 나오키 작품 중에 《플루토》라는 만화를 살펴보자. 이 작품은 인류와 로봇의 공존이 과연 가능한가에 대해 다루고 있다. 인간과 로봇이 함께 사는 미래 세계, 스위스 최강 로봇 몽블랑이 누군가의 공격으로 파괴당하는 사건이 발생한다. 그리고 연이어 살해당한 로봇 보호 단체 간부. 과연 범인은 로봇을 반대하는 인간인지, 아니면 로봇이 서로를 공격하게 된 건지 범인을 찾아나서는 이야기다. 이 만화는 로봇들이 등장하기 때문에 로봇의 무표정한 얼굴들을 장면 분할로 계속 쫓아가면서 그 로봇의 내면에 있는 깊은 슬픔을 표현하고 있다. 그들의 감정 자체가 얼굴로 표현되지 않기 때문에 우리는 그 만화를 읽으며 계속해서 여러 가지 상상을 해야 한다. 지금 로봇의 심정은 어떤지, 로봇은 어떤 생각을 하는지 등. 즉, 자연스럽게 상상력이 발휘되면서 그 상상력이 읽는 사람들에게 텍스트의 빈틈을 채워주는 것이다.

포인트는 어떤 텍스트를 선택하는가이다

만약 만화를 읽는 것을 별로 좋아하지 않는다면, 만화보다는 덜

하지만 영화도 꽤 도움이 된다. 구로사와 아키라 감독의 영화 같은 경우는 상상력을 환기하는 장치가 여기저기 박혀 있어 상상력 훈련에 큰 도움이 된다. 예를 들어 〈7인의 사무라이〉에는 산적 무리와 7인의 사무라이가 싸우는 클라이맥스 장면이 있는데, 이 장면에서 감독은 대량의 비를 뿌리는데 빗물 속에 일부러 먹물을 섞어 굵은 빗방울과 세찬 호우를 표현했다. 여기서 우리는 이런 생각을 해볼 수 있다. 감독은 왜 싸우는 장면에서 비를 내리게 했을까? 굳이 먹물을 섞은 이유는 무엇일까? 이에 대한 여러 가지 자신만의 상상이 있겠지만 난 그런 생각이 들었다. 호우 속에서의 싸움이라는 다이내믹한 상황을 연출하고 싶었던 것도 있지만, 동시에 등장인물 한 사람 한 사람의 혼란하고 고양된 마음을 세찬 비를 통해 표현하고 싶었기 때문이 아닐까 하고 말이다.

게다가 이 영화에는 대사도 설명도 없다. 만약 이때 '산적들과 대치하고 있는 7인의 사무라이의 마음은 혼란한 가운데 불타고 있었다'라는 설명문이 자막으로 나왔다면 어땠을까? 그랬더라도 이 작품이 호평을 받았을까? 아니다. 결국 이 영화는 뻔한 영화가 되었을 게 분명하다. 영화를 보는 사람들에게 해석의 여지를 열어놓고 해석의 기회를 주었기 때문에 이 영화가 가치 있는 것이며, 관객들은 의미를 읽어내고 감동받는 것이다.

포인트는 좋은 텍스트를 준비하는 것이다. 이왕이면 만화를, 만화가 싫다면 영화를, 그것도 싫다면 소설을 읽으며 상상력을 훈련하자. 논픽션은 상상력이 끼어들 여지가 적은 텍스트이니 가급적 피하고, 우리가 상상력을 발휘할 여지가 비교적 많은 작품들을 선택하여 그 간극을 나만의 상상력으로 채워보자. 만약 인상 깊게 읽은 것에 대해 문장으로 쓰라고 한다면 바로 쓸 수 있지 않을까? 뭔가를 느낀 순간이 뭔가를 읽어낸 시점이기 때문에, 그 순간 이미 의미 있는 문장이 완성됐다고 할 수 있다. 단, 그저 '대단했다', '좋았다'라고 쓰는 것이 아니라 구체적으로 좋았던 점을 들어 써야 한다.

원고지 10장을 쓸 수 있으면
어떤 글이든 쓸 수 있다

《원고지 10장을 쓰는 힘》이라는 책을 쓴 적이 있다. 원고지 10장, A4 1매 내외의 글을 쓸 수 있다면 어떤 글이든 잘 쓸 수 있음을 강조하고, 그것을 가능하게 도와주는 팁을 담은 책이었다. 언뜻 들으면 굉장히 적은 분량의 글 같지만 막상 써보면 쉽지 않다는 걸 깨달을 것이다. 맨 처음 글을 쓰는 사람은 일단 그 분량을 채우는 것 자체가 어렵고, 그 분량 안에 하고자 하는 말을 딱 맞춰서 넣는 것도 어렵다. 그 안에 기승전결을 갖춰 한 편의 글을 완성하려고 한다면 머리는 더욱 복잡해진다.

한때 내가 첨삭 지도를 했던 '붕붕 드림'이라는 초등학교 3학년 대상의 글쓰기 강의에서 학생들은 과제를 내주면 원고지 10장에 훌륭한 이야기를 써오곤 했다. 그렇게 훈련이 된 학생들은 6학년이 되면 20장 정도에 이야기를 써왔다. 그것도 거의 개인차가 없어서 훈련이 된 아이들이라면 대부분 그 정도 분량은 쉽게 쓸 수 있는 능력을 갖추게 되었다.

아직 자전거를 타지 못하던 어린 시절을 떠올려보자. 저런 불안전한 것에 타는 것은 결단코 무리라고, 영원히 탈 수 없을 거라고 생각한 사람이 많을 것이다. 나 역시 두 발밖에 없는 자전거를 처음 봤을 때, 절대로 저 두 바퀴에 내 몸을 맡길 수 없다며 차라리 자전거를 타지 않겠다고 생각했다. 그러나 한 번 탈 수 있게 되면 오히려 타지 못했던 게 신기할 정도다. '이렇게 쉽고 편안하고 안전한 것이었다니!' 하고 놀라면서 말이다. 그리고 더 신기한 것은 자전거 타기는 20~30년이 지나도 그 방법을 잊어버리지 않는다는 사실이다. 몇십 년을 타지 않다가도 자전거에 오르면 몇 분 만에 적응해 유유자적 자전거를 타게 된다. 머리가 아닌 몸이 그 방법을 기억하고 있기 때문이다.

원고지 10장을 쓰는 것도 마찬가지다. 자전거를 타는 것과 같이 차근차근 단계를 밟아나가면 모두가 쓸 수 있게 된다. 중간에 지레 겁먹고 포기한 친구들 말고, 아무리 노력해도 결코 자전거를 타지 못한 친구를 본 적 있는가? 절대 없다. 원고지 10장을 쓸 수 있는 힘도 마찬가지다. 누구나, 모두가 쓸 수 있다. 또 10장을 쓸 수 있게 되면 다음은 20장, 30장 이렇게 양을 늘려가는 건 훨씬 쉽다. 게다가 글쓰기도 결국 몸이 기억하는 작업이다. 원고지에 연필로 써내려가든, 컴퓨터에서 자판으로 써내려가든 글쓰기도 몸이 기억한다. 몸이 같이 훈련되는 한 글쓰기 능력 역시 영원히 기억된다.

이렇게 차츰차츰 글쓰기 분량을 늘려간다면 원고지 100장, 200장도 쓸 수 있게 된다. 이 정도의 실력이 되면 무서울 게 없다. 어떤 주제든, 어떤 글쓰기를 요청받든 다 써낼 수 있다. 긴 문장을 쓴 자신감은 곧 편안함이 되어 '원고지 10장 분량을 쓰시오' 혹은 'A4 한 장을 쓰시오'라는 말을 들어도 전혀 동요하지 않는다. 조금만 생각하면 쉽게 써내려갈 수 있다.

원고지 10장은 분량에 대한 공포를 극복하고, 모든 글쓰기의 기본이 되는 분량의 기준이라고 할 수 있다. 반드시 이 10장 분량의 공포를 극복해야 어떤 글쓰기든 할 수 있다. 그러니 페이스북이나 트위터에만 글을 쓰던 사람은 결코 원고지 10장을 쓸 수 없다. 180자, 길어봤자 두 문단 이상을 쓰기 힘든 SNS에서의 글쓰기는 기껏 해봐야 원고지 2장 분량에 불과하다. 아무리 매일 쓰고 훈련한다 해도 10장의 허들을 결코 넘을 수 없다. 그러니 그 안에서는 글을 잘 쓸 수 있을지 몰라도, 일반적인 글쓰기에 통용되는 글쓰기는 아니기 때문에 언젠가는 구멍이 드러날 수밖에 없다.

멋 부린 문장보다
정직한 문장이 더 감동적이다

보통 글쓰기 과제를 내면 열이면 열 싫은 표정을 한다. 아무리 글을 잘 쓴다 하더라도 일단 과제는 싫고, 창작에는 늘 고통이 따르기 때문이다. 그런데 유독 밝은 표정을 한 학생이 있었다. 얼마나 자신 있기에 그럴까 궁금해서 학생들이 과제물을 제출하자, 제일 먼저 그 학생의 글을 찾아봤다. 그리고 깜짝 놀랄 수밖에 없었다.

학생의 글에는 겉멋이 잔뜩 들어가 있었다. 모든 문장은 도치되어 있거나 압축되어 있었으며 은유적 표현이 가득했다. 물론 그것이 나쁜 것은 아니다. 문제는 그 표현이 대중적으로 통용되거나 문맥상 은유라는 걸 알 수 있어야 하는데, 그 학생의 글은 학생의 머릿속에서만 이해될 뿐 읽는 사람은 이해할 수 없는 것들이었다. 당연히 나는 낮은 점수를 줬고 학생은 점수에 이의를 제기했다. 자기는 이렇게 문장을 잘 쓰는데 대체 왜 낮은 점수를 줬냐는 것이다. 그때 나는 학생에게 이렇게 이야기해줬다. "이 글은 문장이 꼬여 있고 아무도 이해할 수 없을 거예요. 그래도 내가 나름 책 읽는 게 본업인 교수인데 이해를 못 하겠어요. 그러니 누가 이 글을 이해할 수 있겠어요? 글은 읽는 사람이 이해할 수 있어야 하고 멋 부린 문장보다는 진심이 담긴 문장이 더 큰 감동을 주는 법이죠. 문장에 대한 욕심을 버리세요."

글 좀 쓴다고 생각하는 사람들 중에는 상당수 이런 사람들이 있다. 문장에 겉멋을 부리는 것이다. 쓰는 사람이야 이미 감정이 고조되어 있고 감동을 받은 상태이니 그럴 수 있다. 하지만 읽는 사람의 입장에서는 무방비 상태로 글을 접하기 때문에 감정 과잉에 굉장히 거부감이 들 수밖에 없다. 어떤 내용인지, 작가가 어떤 상태인지에 대한 공감대가 없는데, 작가의 멋이 펼쳐진다면 어떤 사람이 쉽게 공감하겠는가?

문장은 자고로 정직한 것이 좋다. 주술 관계가 명확한 쉬운 문장일수록 좋다는 것이다. 예를 들어 다음과 같은 문장이 있다. '나는 어제 학교에 가는 도중에 서점에 재미있는 책이 있었기 때문에 그 책은 프로이트에 관한 책으로 프로이트는 정신분석을 연구한 사람이다.' 주어와 술어가 대응하지 않는 문장이다. '나는'이라는 주어로 시작하는데 '사람이다'의 서술어로 끝나고 있다. 문장의 가장 기본 중에 기본은 주어와 마지막 술어를 대응시키는 것이다. 문장이 길어지면 길어질수록 대응시키는 게 어려워진다. 또 이 문장에는 정보가 여러 가지가 섞여 있어서 어느 것 하나 제대로 집중할 수가 없다. 한 문장 안에는 가급적 하나의 정보를 담는 게 좋다. 그렇게 호흡을 유지해야 읽는 사람들이 차근차근 따라올 수 있다.

쓰기 시작할 때 무엇을 쓸지 메모를 작성해두는 것도 중요하지만, 문장을 쓰기 시작할 때 그 문장의 마지막 구두점까지 생각한 후 첫 글자를 쓰는 게 중요하다. 꼬인 문장을 쓰지 않고 정확한 문장을 쓰기 위해서이다. 이것에 익숙해지면 '~은', '~는' 하고 쓰기 시작한 후 여러 가지를 생각해도 마지막까지 꼬이지 않는 문장을 쓸 수 있다. 그러나 처음부터 이렇게 할 수 있는 것은 아니다. 이럴 땐 소리를 내어 문장을 읽어가며 쓰는 연습을 해보자. 그러면 점점 꼬임이 적어질 것이다.

다른 건 몰라도 논문이나 리포트의 첨삭을 할 때 이런 문장을 만나면 꼭 고치게 한다. "이 주어로 시작했다면 술어는 이렇게 끝나지 않으면 이상해"하며 대응 관계를 반드시 확인시킨다. "마지막이 이렇게 끝나도 괜찮은 거니?" 하고 물으면 대부분이 문장이 이상하다는 것을 직감적으로 안다. 내가 이렇게까지 지적하는 이유는 구어라면 다소 문장이 꼬여도 듣는 사람이 이해하기 때문에 크게 문제되지 않지만, 문어에서 꼬인 문장을 쓰면 글쓰기의 가장 근본 목표인 커뮤니케이션 자체가 되지 않기 때문이다.

그러므로 글을 쓸 때는 주어와 술어를 대응시키는 '대응 의식'을 완전히 습관화할 필요가 있다. 이 훈련을 많이 한 사람은 말할 때에도 문장의 꼬임이 적어지게 된다. 거꾸로 문장에 꼬임이 많고 횡설수설하는 사람은 쓰기 훈련을 많이 하지 않은 사람이다. 물론 독서량이 많아지면 읽기만으로도 어느 정도 어휘는 늘겠지만 꼬임 없이 논리정연하게 말하기 위해서는 더욱 쓰기 훈련을 해야 한다.

관점이 명확하면
절반은 한 것이다

가끔 온라인상에 올라온 글들을 읽을 때면 고개를 갸우뚱할 때가 있다. 아무리 다시 읽고 곱씹어도 그 사람이 하고자 하는 말이 대체 무엇인지 모르는 경우가 있기 때문이다. 예를 들어 동성 결혼의 합법화에 대한 기사를 인용해 쓴 글이 있다고 치자. 처음 소재만 듣고 예상되는 이 글의 목적은 크게 두 가지라고 할 수 있다. 하나는 동성 결혼의 합법화에 대한 자신만의 견해, 즉 찬반에 대한 입장을 피력하는 글이다. 또 하나는 동성 결혼 논란의 핵심을 간략하게 전달하거나 그 역사를 서술한 정보성 글이다. 그런데 이 기사를 인용하며 법치국가의 문제점을 꼬집는다든가, 결혼 비용을 이야기한다든가 하면 전혀 엉뚱한 글이 되어버린다. 최악의 경우는 처음에는 찬성하는 듯 글을 이어가다가 뒤에 가서 반대 의견을 피력하는 등 관점 정리가 되지 않은 경우이다.

얼마 전에 나는 신문사로부터 각종 영화상을 수상한 〈바벨〉이라는 영화에 대한 원고 청탁을 받았다. '커뮤니케이션'이라는 관점에서 영화에 대해 써달라고 했다. 원고 청탁을 받고 내가 제일 먼저 한 것은 신문사 직원이 가져다준 영화 팸플릿을 통해 영화감독이 말하고자 하는 기본적인 게 무엇인지 파악하는 것이었다. 영화는 모든 것을 설명해주는 게 아니므로 아무것도 모르는 상태에서 보면 잘못된 평론을 쓰기 십상이기 때문이다.

특히 〈바벨〉의 경우 구성이 상당히 복잡했다. 모로코에서 소년이 실수로 관광객을 쏜 이야기와, 아들의 결혼식에 참석하기 위해 자신이 맡고 있는 두 아이를 데리고 멕시코 국경을 넘는 유모 이야기, 도쿄에서 청각 장애를 가진 여고생이 실연당하여 힘들어하는 이야기가 동시에 나온다. 즉, 이야기들이 복잡하게 뒤얽혀 있어서 줄거리를 정확하게 파악하는 게 필요했다. 하나하나 뜯어 정리하면서 인상적인 대사를 메모해나갔다. 이렇게 하면 대사를 인용하면서 스토리를 설명할 수 있기 때문에 어느 정도의 분량도 벌 수 있다.

　이번 원고는 '커뮤니케이션 문제를 중심으로'라는 주문이 있었기 때문에, 감독의 의도와 줄거리를 파악했다면 이제 그 관점에서 써내려 가는 게 필요하다. 사실 이렇게 명확한 관점이 주어지면 대상을 이해하거나 대상에 대해 써내려가기가 매우 편리하다. 반면 그냥 〈바벨〉이라는 영화에 대해 쓰라고 하면 영화를 볼 때도 마음 내키는 대로 두서없이 보게 된다. 어떤 장면에서는 브래드 피트의 멋진 모습을 넋 놓고 볼지도 모르고, 어떤 장면에서는 훌륭한 촬영 기술에 마음이 끌릴지도 모른다. 테마를 가지고 있지 않으면 다 보고 난 후 여기저기에 관심이 가서 정리된 글을 쓰는 것이 어려워진다.

　어떤 글쓰기 주제가 정해지면, 키워드를 설정하여 보는 '관점'을 분명하게 정리한 뒤에 글쓰기를 시작하자. 그래야 논리정연한 문장을 쓸 수 있다. 〈바벨〉을 예로 들면 '그러고 보니 기쿠치 린코와 야쿠쇼 쇼지의 부모 자식 관계에도 커뮤니케이션 문제가 있었구나'라든가, '브래드 피트와 아내도 처음에는 서먹했지만 아내가 총에 맞자 관계가 좋아져 커뮤니케이션이 원활해졌다' 등 관점이 있었기 때문에 이렇게 영화에서 읽어낼 수 있고 쓸 수 있다. 또 커뮤니케이션의 시점에서 보면 영화의 풍경 묘사에서도 의미를 찾아내게 된다. 〈바벨〉에는 사막 풍경이 많이 나온다. 멕시코 전경과 모래투성이의 모로코 풍경이 잿빛 빌딩숲으로 이뤄진 도쿄의 풍경과 이어져 일종의 사막으로 연결되어 보인다. 세계 각지에 잠재해 있는 '사막적인 것'이 현대 사회의 커뮤니케이션 상황이라는 키워드로 연결된다. 즉, 커뮤니케이션의 위기와 희망을 그린 영화라고도 해석할 수 있게 되는 것이다.

이처럼 '관점'을 정하면 쓰는 것이 쉬워진다. 첨예한 문제를 다루는 글이라면 그에 대한 입장을 정리한 뒤 그 입장에서 써내려가면 되고, 영화나 책에 대한 감상을 다루는 내용의 글이라면 그중에서도 어떤 것에 집중할 것인지 그 대상을 먼저 정하자. 이야기의 구성 측면인지 영상미인지, 연기자의 연기인지 등. 하나의 글도, 한 권의 책도 일관된 하나의 '관점'이 있어야 읽는 이들은 글쓴이의 의도를 파악할 수 있다. 그리고 그런 글이 잘 쓴 글이다.

'질문'이 아니라
'발문'을 잘해야 한다

앞서 글쓰기에 있어 관점을 명확하게 설정하는 것이 얼마나 중요한지에 대해 이야기했다. 일종의 글을 시작하기 전 글에 대한 입장 정리를 하고 시작하라는 것이다. 그렇다면 그 관점을 어떻게 글에 녹여낼 수 있을까? 가령 나쓰메 소세키의 《마음》을 읽고 글을 쓰고자 할 때, 내가 이 책의 어떤 측면을 바라보고 글을 썼는지, 이 책을 통해 무엇을 말하고 싶은지, 어떻게 보다 쉽고 명쾌하게 읽는 이들에게 전달할 수 있을까?

이때 활용할 수 있는 것이 바로 '발문'이다. 나는 대학에서 교사를 지망하는 학생들에게 수업 방식, 즉 '어떻게 가르치는 것이 효과적인지'에 대해 강의하고 있다. 그 수업에서는 주로 '발문'을 활용해 수업을 하는데, 학생들이 돌아가며 그날의 교사 역할을 맡고 스스로가 발문을 해 수업을 진행한다. 종종 학생들은 '질문'과 '발문'을 헷갈려 하는데, 질문과 발문은 엄연히 다르다. 발문은 단순한 질문이 아니라 독해를 요구하는 질문이다.

예를 들어 "《마음》을 쓴 사람은 누구입니까?"라고 묻는다면 대답은 '나쓰메 소세키'로, 여기서 대화는 끝나버린다. 이것이 바로 '질문'이다. 한편 "어느 시점에서 주인공이 K를 배신할 결심을 했을까요?"라든가, "K가 자살하기 전에 무슨 생각을 했을까요?"라고 묻는다면 질문을 받은 사람은 《마음》을 읽고 이해하지 않았다면 대답할 수가 없다. 즉, 질문을 계기로 생각이 깊어지는 것을 '발문'이라고 한다.

수업에서는 이 발문을 만드는 게 중요한 포인트다. 대략 3개 정도 좋은 발문을 생각해내면 수업은 순조롭게 진행된다. 그러나 퀴즈처럼 시시한 문제밖에 생각해내지 못하면 일문일답식으로 끝나버려 논의가 깊어지지 않는다. 즉, 보다 많은 이야기를 끌어내고 자신의 생각을 담아내려면 좋은 발문이 필요하다는 말이다.

일찍이 소크라테스는 답을 발견하는 것이 아니라 질문을 만드는 게 중요하다고 말했다. 무슨 질문을 던지느냐에 따라 비로소 뭔가가 탄생하는 것이다. "왜 사과가 떨어지는가?"라는 질문에 대답할 수 있는 사람은 많다. 그러나 처음 이 질문을 던지기는 쉽지 않다. 그래서 이 질문을 품은 뉴턴이 대단한 것이다.

그러므로 나의 사고를 심화시켜줄 발문을 해줄 사람을 찾거나 자기 자신이 그런 발문을 만드는 사람이 되는 게 중요하다. 관점을 정했다면 다음으로 가장 먼저 해야 할 일은 발문을 쓰는 것이다. 그렇게 하면 싫어도 길고 내용이 있는 문장을 쓸 수밖에 없다. 발문을 써놓고 나면 거기에 대한 대답이 필요하므로 억지로라도 대답을 포함한 문장을 써야 하기 때문이다. 발문을 쓰는 것이 어렵다면 그저 '여기에 대해 어떻게 생각하는가?' 하고 우선 발문해놓고 그 대답을 써내려가면 된다. 그러면 그것만으로 격조 높은 문장에 한 발 다가가게 된다. 더욱 글을 늘리고 싶으면 질문에 대한 대답으로 일단 '일반적으로 생각하면 이럴 것이다'라는 식으로 쓰면 된다. 그 다음에 '그러나 잘 생각해보면 이런 상황이 있고 이렇게 말할 수 있으니까 여기는 혹시 이렇지 않을까……'라는 식으로 글을 풀어내며 자신의 관점을 쓴다. 즉, 하나의 질문에 대해서 일반적인 견해를 제시한 다음, 조금 다른 의견을 제시하는 것이다. 이것만으로도 2~4매는 충분히 채울 수 있다. 이것은 마치 텔레비전이나 잡지에 퀴즈가 나오면 그 퀴즈의 답을 말하고 정답을 듣고 싶어하는 것과 같다. 퀴즈 문제가 나오면 대답하고 싶어지고 답을 알고 싶어하는 심리를 자기 자신과 독자에게 이용하는 것이다.

내 경우에는 글을 쓰기 전에 발문을 나열하여 먼저 목차를 만든다. 발문만으로도 훌륭한 목차가 된다. 목차가 완성되었다고 하는 것은 이미 그 사람은 '쓸 수 있다'는 말이다. 글의 기본 구조는 질문을 만들어 거기에 대답해가는 것이기 때문이다.

이것은 소설이나 음악에 있어서도 마찬가지다. 소설 여기저기에 있는 복선은 숨겨진 발문이다. 이 복선을 풀어나가는 것이 내용의 대부분이다. 음악도 그렇다. 예를 들어 4악장까지 있는 곡이라고 한다면 1악장에서는 주제, 즉 발문을 제시한다. 그것이 2, 3악장에서 변화하다가 4악장에서 최종적으로 어느 지점에 착지한다. 소설이든 음악이든 처음에는 뭔가 테마에 해당하는 질문이 있고 우리에게 '이것이 어떻게 될까?'라는 의문을 품게 만든다. 그러면서 전개되어가는 것이다. 실은 평론도 마찬가지다. 그러므로 중요한 것은 발문 의식, 질문을 만들고자 하는 의식을 갖는 것이다.

'장점'과 '차이'를 생각할 것

이 시점에 이르면 이런 질문을 하는 사람이 있을 것이다. "아무리 생각해도 좋은 발문이 만들어지지 않아요." "저는 뻔한 질문만 생각나요."

여기에 대한 나의 대답은 일단은 많은 '질문'을 만들어보라는 것이다. 처음에는 뻔한 질문이라도 상관없다. 많이 만들면 그중에 몇 개쯤 괜찮아 보이는 질문이 있다. 그러면 그 질문들을 추려서 다시 질문을 만들어보면 된다.

또 하나, 이미 제시되어 관점을 비트는 방식으로 발문을 만드는 방법도 있다. 뒤집어 생각해보는 것이다. 예를 들어 만화 《천재 바카본》(우리나라에서는 《얼렁뚱땅 반쪽이네》로 알려진 만화로 천재였으나 어쩌다 바보가 된 바카본과 자식보다 더 바보스러운 아버지 그리고 평범한 어머니가 겪는 이야기를 다룬 만화이다-옮긴이)에 관해 발문을 한다고 해보자. 나는 이것을 《바카본의 아빠는 왜 천재인가?》라는 제목으로 한 권의 책을 쓴 적이 있다. 발문이 타이틀이 된 셈이다. 바카본보다 더 바보 같은 아버지, 게다가 바보의 아버지를 '천재'로 뒤집어 생각하면서 흥미로운 발문을 뽑은 경우이다.

만약 이렇게 뒤집어 생각해도 발문이 생각나지 않을 때는 '이 대상의 내세울 점은 무엇인가?'라고 질문을 해보자. 대상의 장단

점을 뽑아보고 생각해보면 비교적 다양한 답이 나올 것이다. 만약 '스타벅스는 왜 성공했는가?'라는 질문을 만들었다고 생각해보자. 아니면 '닌텐도 DS는 왜 성공했는가?'라는 질문도 상관없다. 처음에는 성공과 실패, 장점과 단점, 이점과 불리한 점, 가능과 불가능 등 입장차를 확연하게 정할 수 있는 것을 질문으로 뽑는 게 좋다. 그렇게 하면 비교적 간단하게 질문을 만들 수 있으며 답을 내기도 쉬울 것이다.

'기존의 것과 다른 점은 무엇인가?'처럼 다른 것과의 차이점을 생각해보는 것도 좋다. 명확한 기준이 있고 그것과 비교하는 질문을 던진다면 글쓰기가 수월하기 때문이다.

키워드만 찾으면
읽기도, 쓰기도 쉬워진다

잘 읽는 사람이 글도 잘 쓴다. 무슨 말인가 하면 독해력과 글쓰기 능력은 이어진다는 것이다. 잘 읽는다는 것은 그만큼 그 글을 쓴 사람이 하고자 하는 말을 잘 잡아낸다는 것이다. 그러므로 그 사람은 이미 '글쓴이의 의도'를 파악할 줄 안다. 그러니 자신이 글을 써야 할 때가 되면 자연스럽게 글쓴이의 의도가 무엇이며, 그것을 어떻게 해야 효과적으로 전달할 수 있을까를 고민할 줄 안다. 잘 쓰기 위해 잘 읽어야 하는 것은 충분조건이 아니라 필요조건이다.

그렇다면 어떻게 해야 잘 읽을 수 있을까? 에세이나 가벼운 교

양서는 그나마 이해할 수 있는데, 조금만 글의 분량이 많아지거나 난이도가 높아지면 읽는 데 어려움을 호소하는 사람이 많다. '글씨가 잔뜩 있는 페이지만 봐도 질려요', '어려운 단어가 늘어서 있는 평론이나 논문 등은 아무리 읽어도 무슨 말인지 모르겠어요', '한 번에 많은 양의 책은 읽을 수가 없어요' 하면서 말이다.

그럴 때는 키워드를 설정해 키워드 위주로 읽는 게 좋다. 키워드를 따라가며 읽다 보면 어려운 문장이나 많은 양의 활자를 읽는 것이 그리 어렵지 않기 때문이다.

우선 텍스트를 만나면 이 텍스트를 읽기 위해 중요한 키워드를 꼽아야 한다. 물론 키워드를 선정하는 것 자체도 쉽지는 않다. 가장 손쉬운 방법은 책 띠지나 커버, 책이 아니라면 제목과 부제, 헤드와 서브 등을 주목하는 것이다. 보통 책 띠지에는 출판사들이 책을 광고하는 문구가 들어 있어서, '이 책은 이런 식으로 읽어주기 바란다' 혹은 '이런 사회적 이슈와 연관해서 읽으면 좋다' 등 저자나 편집자의 의도를 읽을 수 있다. 즉, 거기에 읽기 키워드가 적혀 있는 경우가 많다. 또 책 커버에는 책의 목적이나 줄거리가, '저자서문'이나 '프롤로그' 등에는 전체를 조망하는 글이 쓰여 있으니 이런 곳에서 손쉽게 키워드를 찾을 수 있다. 또 이런 키워드는 중요한 만큼 본문에 나오는 빈도도 높기 때문에 글을 훑어보면서 어떤 말이 많이 나왔는지를 살펴본다면 금방 찾을 수 있다.

예전에 독서에 어려움을 느끼는 사람들에게 읽으면서 중요하다고 생각하는 단어에 동그라미를 치며 책을 읽는 연습을 시켰더니 꽤 효과가 있었다. 내가 키워드를 말하면 그 말이 문장의 어디에 있는지 찾아서 동그라미를 치는 방식이었다. 이런 작업을 몇 번 반복하는 사이에 키워드 찾는 실력이 늘게 되었고, 읽은 것을 요약해서 써보라고 주문했을 때 어렵지 않게 쓰는 것을 볼 수 있었다.

읽는 것을 싫어하는 '읽기에 서툰 사람'은 늘어선 글자가 모두 같아 보이기 때문에 잘 읽히지도 않고 이해도 되지 않는다. 그러나 키워드가 보이게 되면 여기는 중요하고, 여기는 지나가도 괜찮고 하는 식으로 글을 읽을 때 집중의 강약을 조절할 수 있게 된다. 같은 시간을 읽어도 훨씬 빠른 시간에 텍스트를 읽어낼 수 있다. 키워드 찾기에 더욱 익숙해지면 눈을 한 번 움직이는 것만으로도 키워드가 보이고 짧은 시간에 많은 양을 읽을 수 있는 속독의 출발점에 서게 된다. 마치 깊은 산속에서 움직인 그림자가 여우의 꼬리라는 걸 직감하는 사냥꾼처럼 말이다.

키워드 맵 만들기

키워드 읽기에 익숙해졌다면 이번엔 키워드 쓰기에 도전해보

자. 읽는 것과 똑같다. 키워드를 중심으로 내용을 배치하고 글쓰기를 해나가는 것이다.

예를 들어 '사회 양극화에 대해 써라'는 과제가 주어졌다고 하자. 갑자기 사회 양극화에 대해 생각하라니, 아무리 읽었던 것들을 떠올리려고 해도 떠오르지 않는다. 그러면 '사회 양극화'를 키워드로 내 주변의 일을 생각해보자. 사회 양극화 때문에 벌어진 나의 일이나 친구 혹은 주변에서 보거나 들은 이야기를 떠올려보는 것이다.

어떤 사람은 편의점에서 컵라면만 잔뜩 사는 젊은이를 본 일을 예로 들 수도 있을 것이고, 어떤 사람은 정규직과 계약직 사이의 미묘한 관계를 목격한 일을 예로 들 수도 있다. 이처럼 구체적인 장면을 예로 든다면 글은 훨씬 사실적이고 몰입도 높아진다. 또한 어떤 경험을 선택하는지에 따라 그 사람의 문제의식이 뚜렷이 드러나서 자신의 견해를 피력하기에 좋다. 상황을 설명한다는 것은 이미 글쓴이의 주관적 시각이 들어가 있는 것이고, 어떤 식으로든 자신이 그 상황을 보고 생각한 견해가 글에 표현되기 때문이다.

이처럼 카메라의 셔터를 누르듯이 구체적인 장면을 잘라내는 감각과 추상적인 사고 능력이 자동차의 양쪽 바퀴처럼 돌아갈 때 생동감 넘치는 문장을 쓸 수 있게 된다. 평소 주변에서 일어나는 일들에 대해 키워드를 설정하고 그 키워드를 중심으로 글을 쓰는 연습을 해보자. 키워드를 설정해두면 글을 쓰면서도 주제 의식을 놓치지 않을 수 있고, 의식적으로 그것을 생각하기 때문에 논점에서 어긋난 글을 써내려갈 확률을 줄일 수 있다. 가끔 첨삭 지도를 하다 보면 처음에는 잘 가다가도 중간에 논점을 잃고 산으로 가는 경우가 있는데 글을 쓰는 이가 글을 쓰면서 키워드를 망각했기 때문이다. 의식적으로 문단마다 키워드를 배치하는 글쓰기만 해도 그런 글은 충분히 미연에 방지할 수 있다.

나는 글쓰기 도구로 '키워드 맵'을 사용하고 있다. 내가 개인적으로 좋아하는 키워드들을 적어놓은 노트이다. 최근 관심이 가는 주제나 이슈를 대주제로 정하고, 그것과 관련 있는 키워드들이 떠오르면 그 주제를 적은 페이지를 찾아가 키워드를 메모하는 것이다.

'키워드 맵'은 말 그대로 키워드를 연결해가는 지도(이미지)다. 예를 들어 '콤플렉스'라는 주제가 있다고 해보자. 이 주제를 대주제로 잡아 노트에 적어두고 책을 읽을 때나 신문을 볼 때, 친구들과의 대화 도중에라도 콤플렉스와 연관된 단어가 들리면 노트에 그 단어들을 적는다. 콤플렉스와 연관된 단어라고 한다면 열등감도 있고 피터팬 신드롬이나 오이디푸스 콤플렉스 등 여러 가지가 있을 것이다. 이렇게 관련된 단어들을 적어가다가 더 궁금한 내용이 있으면, 관련된 참고문헌을 찾고 그 문헌의 출처도 같이 기록한다. 이렇게 해두면 나중에 참고문헌까지 완성해둘 수 있다.

이렇게 키워드들이 모이고 그것을 하나의 관점을 토대로 선으로 연결해보면 글의 얼개가 나온다. 운이 좋으면 키워드 맵만으로도 기승전결이 갖춰진 한 편의 글까지 완성할 수 있다. 또 하나의 키워드 맵에서 시작했지만 그 안에서 또 다른 주제를 발견하고 또 다른 주제의 키워드 맵까지 그릴 수도 있다. 나중에 이것들을 모아보면 자신의 지적 관심 세계를 손바닥 들여다보듯이 알 수 있다.

키워드 맵은 혼자 만들어도 되지만 다른 사람과 대화를 하면서 그리면 뇌에 또 다른 자극을 준다. '그러고 보니 이런 것도 있었네' 하면서 더 다양한 키워드들을 떠올릴 수 있기 때문에 두세 명이 둘러앉아 대화를 나누며 그려보는 것도 좋다.

평론만큼
좋은 교과서도 없다

평론 또는 비평은 사회 전 분야에 대해 평론가 자신의 주장이나 견해를 담은 글을 말한다. 우리가 흔히 알고 있는 영화평론가, 정치평론가, 미술평론가 등이 바로 그런 일을 하는 사람들이다. 요즘은 평론가들도 꽤 대중적인 글을 쓰다 보니 글이 많이 쉬워진 편이지만 사실 평론은 꽤 난이도가 높은 글이다. 서점에 가서 'OO 평론집' 등 평론집으로 검색을 해서 손에 잡히는 책을 집어 들어 읽어보라. 생각보다 읽기 쉽지 않다는 걸 금세 알 수 있을 것이다.

평론은 기본적으로 어떤 주장이나 글의 내용을 평가해야 하기 때문에 그에 대한 객관적인 근거를 기반으로 한다. 그래서 한 편의 글을 이해하려면 꽤 많은 지식이 필요할 때가 많다. 평론가들이 자신의 지식을 자랑하려고 늘어놓는 게 아니라, 자신의 주장과 근거가 어디서 비롯되었는지 그 근거를 붙이려고 하다 보니 배경 지식이 없는 독자들에게는 글이 어렵게 느껴지게 되는 것이다. 지식의 유무에 따라 이해도가 좌우될 정도로 어려운 글들도 있는데, 책을 많이 읽어 잘 알고 있으면 '아아, 이 이야기의 중심 의미는 이거구나' 하고 알게 되지만 전혀 지식이 없는 경우에는 주어진 문장만 보고 이해하는 게 쉽지 않다.

지식이란 한마디로 말하면 지도와 같다. 하나의 문장이 눈앞에 나타났을 때 그 문장이 놓여 있는 장소를 보여 주는 지도를 가지고 있으면 간단히 독해할 수 있다. 예를 들어 도쿄를 전혀 모르는 사람이 갑자기 시부야 거리 한가운데 떨어졌다고 해보자. 이때 아무 지도도 없다면 어찌할 바를 모를 것이다. 그러나 지도가 있으면 '시부야는 도쿄의 어디에 위치해 있고 시부야에서도 109번지는 여기니까 나는 이쯤에 있겠구나'라고 하면서 상황을 이해하기 쉽다. 이와 마찬가지로 문장도 문맥이나 저자의 입장, 주변 사상 등을 알고 있는 사람은 지도가 있기 때문에 유리한 입장에 서게 된다.

103

하지만 현실적으로 그 모든 배경 지식을 익힌 뒤 글을 읽을 수는 없는 법. 어려운 글을 이해하는 몇 가지 나만의 노하우가 있는데 그중 하나는 글쓴이의 자부심을 파악하는 것이다. 무슨 말인가하면, 어떤 평론이든 결국 저자가 하고 싶은 말은 '나는 대단해요. 다른 사람들과 난 생각부터가 달라요'라는 것이다. 그러한 자부심이 있기 때문에 일부러 글을 써서 발표하는 것이다. 그러므로 그 사람의 자부심과 드러내고 싶어 하는 점이 어디에 있는지 찾으면 어떤 어려운 문장도 '이해'가 된다.

문장 패턴 파악하기

어려운 평론을 이해하기 위한 가장 좋은 방법은 문장의 패턴을 파악하는 것이다. 논지 전개도 거의 패턴화되어 있기 때문에 패턴으로 읽어내는 것이다. 즉, 처음에는 '보통은 이렇게 생각한다'라는 일반적인 의견을 제시한다. 그 전제가 저자가 무너뜨리고 싶은 상대, 즉 '가상 적국'이다. 그 '가상 적국' 설정 방법과 그것을 어떻게 쓰러뜨릴까 하는 패턴으로 문장이 구성되어 있는 경우가 대부분이다. 그러므로 그 구조만 분명히 파악하면 어떤 난해한 문장이 나타나도 무섭지 않을 것이다.

결국 평론의 목적은 '시점 이동'을 촉구한다. 평범해 보이는 풍경을 다른 풍으로 보이게 하려는 것이다. 저자는 '사물을 이렇게 보니까 전혀 달라 보이지 않나요?'라고 독자에게 질문한다.

대부분의 평론은 '이항대립'으로 쓰여 있다. '일반적으로 A라는 생각이 있는데, B라는 생각도 있다'라는 식이 바로 이항대립이다. 이 구조만 안다면 어떤 어려운 평론도 무섭지 않다. 평론이 어렵다는 사람은 A와 B를 뒤죽박죽 섞어서 막연하게 읽기 때문이다. 대립하는 것을 먼저 찾고 그것이 각각 다르다는 것을 의식하며 읽으면 훨씬 글이 쉬워진다.

더욱 복잡하게 뒤얽힌 평론이라면, 그건 A와 B 각각의 의견 아래 또 다른 근거와 주장들이 담겨 있기 때문이다. 그런데 각각의 A와 B 속에도 질서가 있기 때문에 그것 역시 패턴을 파악하면 두렵지 않다. 즉, A 아래 a1, a2, a3 등이 이어지고 B 아래 b1, b2, b3가 이어지는 것이다. 그래서 글을 읽을 때 A 그룹의 키워드나 문장은 파란 볼펜으로, B 그룹은 빨간 볼펜으로 동그라미를 쳐가는 식으로 그룹으로 나누어 읽으면 좋다. A 그룹과 B 그룹을 나누면서 어떤 것이 저자의 의견인지 파악한다. 그러면 저자가 말하고자 하는 바를 알 수 있다.

좀 더 알기 쉽게 말하면 논리적으로 보이는 대부분의 평론은 사실 저자의 '좋고 싫음'으로 성립되어 있다. 저자가 좋아하는 것이 무엇이고 싫어하는 게 무엇인지 안다면 벌써 이해해버린 거나 마찬가지다. 이 사실은 예전 도쿄대학교 입시 국어 문제 해설서를 집필하면서 깨달은 것인데, 입시 문제에 출제되는 평론은 언뜻 보기에 무척 논리적이다. 그 글을 쓴 저자도 좋고 싫음을 노골적으로 말하지 않는다. 그러나 결국 저자가 '좋아하는 것은 이것이고, 싫어하는 것은 이것이다'라는 것을 알 수 있게 내용이 구성되어 있다. 이러한 '좋고 싫음'을 그룹으로 나누어 읽다 보면 이항대립이 분명해진다.

여기서 권하는 것은 A 대 B의 대립 도식을 세력도처럼 만들어가며 글을 읽는 것이다. A와 관련된 것은 a1, 2, 3……으로, B와 관련된 것은 b1, 2, 3……으로 표시한다. 만약 단번에 구분이 안 되는 C와 D가 등장한다면 별개로 표기한 뒤 그 주장에 A와 B 중 어떤 것을 지지하는 의견인지 선으로 연결한다.

세력도가 그려졌다면 이번에는 그 세력도를 보면서 저자가 하고자 하는 말을 소리 내어 말해본다. 그러면 놀랄 정도로 평론의 구조가 분명히 보일 것이다. 그러므로 중요한 것은 문장을 패턴화하는 것이다. 도식을 만들고 그 도식을 보면서 저자가 하고자 하는 말을 알아내는 방식으로 연습하면 아무리 어려운 평론도 무서울 것이 없다.

변증법적 글쓰기로 넘어가기

그렇다면 평론을 잘 쓰는 것도 결국 문장의 패턴에 핵심이 있다. 대부분의 평론이 이항대립 구조로 되어 있으므로 평론도 그렇게 쓰면 된다. 논문이나 리포트도 마찬가지다.

읽을 때 파악했던 것처럼 글을 쓸 때도 우선 종이에 대립하는 A와 B 주장을 쓰고 생각할 수 있는 여러 가지 근거를 A 그룹과 B 그룹으로 나누어 쓴다. 자신이 주장하고자 하는 것을 B 그룹에 넣어두고, B 그룹 중에서도 특히 강조하고 싶은 핵심 부분을 표시해놓는다.

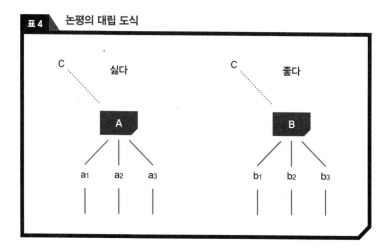

표 4 논평의 대립 도식

다음은 자기 나름의 발제문을 만들어 발제를 제일 앞부분에 배치한다. 그다음 앞서 정리한 A 이야기를 논리에 맞춰 서술한다. 그러다 A 주장의 허점을 지적하며 혹시 A가 아닌 B 속에 답이 있는 것이 아닐까라고 화제를 전환한다. 그렇게 하면 문장이 서서히 자신이 하고 싶어 하는 주장을 담은 방향으로 나아간다.

대립되는 주장이 아니라 자신만의 새로운 견해를 담은 결론을 내고 싶다면 변증법적 글쓰기를 활용하면 된다. A도, B도 아닌 C라는 주장을 하고 싶을 때 사용하는 것이다. 글쓰기 방식 주장의 숫자만 세 가지로 늘어났을 뿐 이항대립과 마찬가지다. A에도 이런 허점, B에도 이런 허점이 있어 C라는 결론을 내릴 수밖에 없다고 끝을 맺는 방식이다.

변증법적으로 쓰인 글 중 개인적으로 최고로 꼽는 글은 프랑스 철학자 메를로퐁티의 글이다. 나는 이 사람의 글이 정말 대단하다고 생각한다. 최종적으로 부정한 것에 대한 자신의 생각이 10페이지, 20페이지나 계속되기 때문에 빨간 볼펜으로 중요한 부분에 줄을 치며 읽어나가다 보면, 그 생각을 다시 완전히 부정해버려서 맥이 풀리는 경우가 자주 있다.

이항대립 방식이나 변증법적 글쓰기 방식은 꽤 긴장감 있는 글쓰기 방식이기 때문에 마지막 결론에 도달할 때까지 읽는 이를 끌고 가는 장점이 있다. 또한 꽤 논리정연하게 보이기 때문에 문장이 서툴러도 상당히 그럴듯한 글처럼 보이기도 쉽다. 초보자라면 이항대립 방식으로 글쓰기를 훈련하고 그것이 익숙해지면 변증법적 글쓰기에 도전해보자. 변증법적 글쓰기가 가능해지면 이미 상당한 수준의 글쓰기를 할 수 있게 된 것이다.

결론 먼저,
이유는 나중에 쓴다

뉴스에서 아나운서들이 뉴스를 보도하는 것을 유심히 들어보면 늘 사건의 결론부터 말하는 것을 알 수 있다. 예를 들면 FTA 관련 뉴스를 보도한다고 하면 "양국이 FTA 체결에 극적으로 합의했다"는 결론을 먼저 말하고 그와 관련해 세부 합의 내용, 체결 전 논의 과정 등을 말한다. 사회면 뉴스도 마찬가지다. "오늘 아침 전동차 고장으로 출근길 많은 시민들이 불편을 겪었다", "한 노부부가 흉기에 찔린 채 발견되었다" 등 사고의 원인이나 과정을 먼저 말하지 않고 결론부터 보도한다. 왜 뉴스는 결론부터 말하는 것일까?

그건 바로 결론을 먼저 들었을 때 사람들이 그 뉴스에 더욱 집중하기 때문이다. '아, 이런 일이 있었구나'를 먼저 받아들이고, 그다음 '그런데 어떻게 된 거지?'라고 관심을 유도하는 것이다. 이미 듣는 사람들은 결론을 알고 있기 때문에, 어떤 관점으로 그 이후의 이야기를 들어야 하는지 알고 있고, 그 때문에 정보 전달력이 높아진다. 즉, 결론을 들었을 때 바로 어떤 관점에서 앞으로의 이야기를 들어야 하는지 입장을 정리할 수 있고 그 때문에 그다음에 나오는 정보도 어렵지 않게 받아들이게 된다.

글도 마찬가지다. 아니, 뉴스보다 더욱더 결론을 앞에 배치해 읽는 이의 관심을 집중시켜야 한다. '말'은 그나마 처음에 좀 지루하고 무슨 말을 하는지 모르겠더라도 조금은 들어줄 만하지만, 글은 처음에 읽었을 때 바로 지루함을 느끼고 무슨 말을 하는지 알 수 없으면 그다음은 아예 읽으려고도 하지 않기 때문이다. '앞으로 내가 말하고자 하는 바는 바로 이것입니다'라고 처음에 밝히고 '그 이유는 다음의 세 가지입니다, 첫째는 이것, 둘째는 이것, 셋째는 이것'이라고 쓰는 것이 좋다.

특히나 채점자가 존재하는 논문이나 리포트, 대학 입시 논술 등은 결론부터 쓰는 것이 매우 중요하다. 시험관이나 채점자는 수많은 사람의 글을 읽어야 하는데, 결론이 맨 마지막에 있으면 끝까지 읽기 전에 지쳐버린다. 또 앞부분에 그 과정에 이르기까지의 지난한 이야기를 늘어놓으면 글에 긴장감이 없어 지루하게 느껴진다. '나는 이렇게 생각한다. 왜냐하면 이렇기 때문이다'고 말하는 것과 '이렇고 저렇기 때문에 나는 이렇게 생각한다'는 글은 천지 차이다. 또한 깔끔한 글을 쓰기 위해서는 3개 정도의 이유와 근거만 드는 게 좋다.

명백한 정답이 있고 그 정답에 이르기까지의 과정을 도출해야 하는 이과 계열이나 영어 관련 논문은 특히나 처음에 결론과 테마가 있고, 그다음에 고찰의 포인트와 이유를 써나가는 형식으로 써야 한다. 이것은 이해하기 쉬운 글의 전형이자 논문의 작법으로 만국 공통이다.

결론은 먼저, 이유는 나중에 쓰는 방식으로 글을 쓰면 누가 읽어도 논지를 잘못 이해하는 일이 없다. 처음 나와 있는 결론 부분만 읽으면 되기 때문에 시간이 부족한 사람도 쉽게 글쓴이가 말하고자 하는 논지를 알 수 있다. 또 가능하면 타이틀을 보는 것만으로 글의 내용을 알 수 있게 하는 게 좋다. 특히 요즘처럼 정보 과잉의 시대에는 이렇게 한눈에 알 수 있는 글을 선호한다.

무라카미 류의 책 중에 《남자는 소모품이다》라는 책이 있다.

《남자는 소모품이다》라는 타이틀만 봐도 호기심이 생기며 대략의 내용도 짐작이 간다. 만일 이 책의 제목이 《현대에 있어서의 남자란?》이나 《남자의 본질이란?》이라는 제목으로 출간되었다면 어땠을까? 무슨 말을 하는지 궁금하지도 않을 뿐 아니라 재미도 없어 보였을 것이다. 다짜고짜 '소모품이다'라고 단언하고 있기 때문에 말하고자 하는 바가 즉시 전달되는 것이다.

그러므로 글은 자신이 말하고자 하는 바를 한 문장으로, 제일 처음에 배치하자. 그 한 문장이 새로운 견해를 전할 수 있다면 더욱 좋을 것이다.

메모한 다음 쓰기 시작하자

결론부터 글을 쓰기 시작하려면, 이미 자신의 머릿속에 그 글을 통해 말하고자 하는 바와 글의 구성이 모두 있어야 한다. 그만큼 쉽지 않은 일이다. 보통 글을 못 쓰는 사람들은 주제가 정해지면 무조건 쓰기 시작한다. 그런데 그 '바로 쓰기' 때문에 글을 못 쓰는 것이다. 글은 쓰는 시간보다 글의 구성을 생각하고 그 안에 어떤 내용을 담을지 결정하는 데 더 힘을 쏟아야 한다. 원고지에 글을 쓰기 시작했을 때는, 자판으로 글자를 두드리기 시작했을 때는 이미 머릿속에 한 편의 글이 완성되어 있어야 한다.

그래서 글을 쓰기 시작하기 전에 가급적 앞으로 쓸 글에 대한 논점을 메모해두면 좋다. '여기서 말하고 싶은 논점은 다음과 같은 세 가지다'와 같이 구조를 분명히 해두지 않으면 쓰는 중간에 논점이 점점 늘어나서 정리되지 않은 글이 될 우려가 크다. 쓰기가 서툰 사람들이 바로 메모 없이 다짜고짜 쓰는 사람들이다.

나 같은 경우도 메모를 하지 않으면 생각이 정리되지 않는다. 쓰기 전에 반드시 이 글에서 하고 싶은 이야기의 논점과 결론 등을 메모해두고 그것을 바탕으로 글을 쓴다. 즉, 구상을 머릿속에서 하는 것이 아니라 종이 위에서 하는 것이다.

종이 위에 뇌를 펼친다는 느낌으로 소재란 소재는 모두 써본 뒤에 논점을 정리한다. 이렇게 쓴 것을 몇 개의 그룹으로 나눠 논점 ①, ②, ③이라고 번호를 붙여 정리한다. 그리고 정한 순서대로 써나가면 전체 구성을 따로 하지 않아도 술술 쓸 수 있다.

메모 이야기가 나온 김에 하나 더, 평소에 자신의 생각이나 독특한 사건, 갑자기 떠오른 아이디어 등을 기록하는 습관은 매우 중요하다. 글을 잘 쓰기 위한 것은 차치하고라도, 메모를 하면 새로운 기획을 하거나 생각을 발전시키는 데 큰 도움이 된다. 또한 그 자체가 동기부여가 되어 '여기에 대해 알고 싶다', '여기에 대해 쓰고 싶다'는 의욕으로 연결된다.

　또 메모하는 훈련을 하면 여러 가지를 항목별로 쓰는 습관이 몸에 배게 된다. 강에 투망을 던져 물고기를 잡듯이 자신의 경험 중에서 필요한 것을 꺼내는 기술이 자연스럽게 몸에 배게 된다. 그러니 부디 평소에 수첩이나 노트를 가지고 다니면서 메모하는 습관을 들이기 바란다.

명료한 글쓰기가
필요할 때

글쓰기란 하루아침에 실력이 느는 게 아니다. 빗물이 고여 웅덩이를 이루고 그것이 모여 호수를 이루듯 천천히, 꾸준히 해야만 이룰 수 있다. 더 좋은 글을 쓰기 위해 우리가 할 수 있는 것은 많은 글을 읽고 쓰는 연습을 하는 것뿐이다. 단, 일기 같은 편안한 글이 아니라 좀 더 어려운 과제에 도전해보는 게 좋다. 그래서 내가 제안하는 것은 도쿄대학교 입시 문제이다. 체계적이고 논리적인 문장력을 기르기에 이만한 과제가 없다.

유혹하는 글쓰기를 하려면
국어 입시 문제를 보라

지금까지 읽는 것의 중요함과 쓰기의 몇 가지 주요 포인트를 짚었다면 지금부터는 본격적인 글쓰기 트레이닝에 들어가야 한다. 글쓰기 연습을 할 때 나는 주로 도쿄대학교 국어 입시 문제를 과제로 내며 함께 연습을 하곤 한다. 도쿄대학교가 일본 최고의 대학이라는 이유도 있지만 그만큼 도쿄대학교 입시 문제는 학생들의 능력을 가늠하기에 체계적이기 때문이다. 즉, 문제를 푸는 방식만 봐도 학생의 수준을 바로 파악할 수 있는데, 이 문제로 훈련하면 글쓰기 수준도 올릴 수 있다.

지금은 없어졌지만, 일찍이 도쿄대학교 입시에는 반드시 '200자 작문'이 나왔다. 내가 시험을 치렀을 때도 이런 문제가 있었다. '다음 문장을 읽고 작자의 견해에 대해 160자 이상 200자 이내로 자신의 감상을 서술하시오'라는 패턴의 문제가 많았다. 대학 입시로서는 상당히 대담한 문제라고 할 수 있다. 왜냐하면 글자 수 자체가 워낙 적기 때문에 채점자들이 어떤 답을 좋은 답으로 할까 합의하기 어렵기 때문이다. 그럼에도 채점하기 힘든 서술형 문제를 입시에 출제한 이유는 수험생의 짧지만 강력한 '문장 표현력'을 보고 싶기 때문이다.

평론이나 칼럼 등을 읽고 서술하는 서술형 문제도 대부분 '밑줄 친 부분에 대해 알기 쉽게 설명하시오'라는 정도이다. 이것은 완전히 출제자의 명확한 의도가 있고, 그 의도에 대해서만 답을 듣겠다는 것이다. '그 부분 말고 나는 이런 부분도 알고 저런 부분도 알아요' 하며 마그마처럼 솟구쳐 오르는 자부심과 적극성을 누르지 못해 '밑줄 친 부분을 설명하시오'라고 하는데도 자기 자신을 투영하여 독창성 넘치는 자신만의 해석을 덧붙인 글을 쓴다면 낙제점을 받게 된다.

오랜 기간 논술 채점을 하면서 알게 된 것은 자신의 주장이 너무 강해서 상대(과제문)의 주장을 왜곡해버리는 사람이 많다는 것이다. 그런 사람은 토론을 할 때도 타인의 의견을 무시하거나 그의 말을 가로막고 자신의 의견만을 늘어놓는다. 비록 글밖에 없지만 글을 통해 그 사람의 태도나 말하기 습관까지 보여주는 것이다.

'200자 작문'의 핵심은 문장의 화려함도, 글쓴이의 지적 배경도 필요 없이 출제자의 의도를 파악하고 그에 대한 답을 쓰는 것이다. 의도를 파악하는 것, 즉 독해력이 우선이며 그 이후에 그에 대한 글쓰기 능력을 보겠다는 것이다. 논술 시험이라고 해서, 글쓰기 시험이라고 해서 마음대로 쓴 지원자의 생각만을 보겠다는 것이 아니다. 객관적인 인식 위에서 각도가 다른 독창적인 관점을 쓸 수 있는지를 알고 싶은 것이다.

그러므로 200자 글쓰기를 훈련하면 과하지 않으면서도 명료한 글쓰기를 할 수 있다. 문제에 대한 간단하지만 강력한 한 문장을 쓰는 힘, 그것을 기를 수 있기 때문에 '200자 글쓰기' 훈련을 시작해야 한다.

문제의 의도를
파악하는 것이 먼저다

1985년 도쿄대학교 문리 공통 문제를 살펴보자. 문제에는 같은 작가의 두 시가 적혀 있다. 그리고 이렇게 문제를 제시한다.

다음 두 시는 같은 작가의 작품이다. 두 시에서 작가의 공통된 견해에 대해 자신의 감상을 160자 이상 200자 이내로 서술하시오(구두점도 한 글자로 간주).

쌓인 눈

위의 눈은
춥겠지.
차가운 달빛이 비추고 있으니.

아래 눈은
무겁겠지.
몇백 명이나 올리고 있으니.

가운데 눈은
외롭겠지.
하늘도 땅도 보이지 않으니.

대어

아침 놀 붉은 놀
대어다.
참정어리
대어다.

항구는 축제로
들떠 있지만
바닷속에서는
몇만 마리
정어리의 장례식
열리고 있겠지.

가네코 미스즈(일본의 여류 시인으로 1923년 등단해 수많은 작품을 발표했다-옮긴이)의 〈쌓인 눈〉과 〈대어〉를 제재로 하고 있다. 가네코 미스즈의 시는 내가 지도교수로 참여하고 있는 〈일본어로 놀자〉라는 유아용 방송에도 등장할 정도로 꽤 유명하다. 미디어에 많이 등장했기 때문에 가네코 미스즈의 시를 읽어보지 않았어도 시인의 말투나 하는 말에 담긴 생각 등을 통해 대략적인 분위기를 눈치챌 수 있다.

그러나 그것을 언어로 표현하라고 하면 분위기와 언어 사이에는 분명 거리가 있다. 우선 시는 이미지가 중요하다. 그 이미지가 자신 안에서 떠오르지 않으면 이해할 수 없다. 시란 시인이 뭔가에 대해 감성의 안테나를 민감하게 반응시켜, 자신의 감정을 발견하고 그것을 문자로 나타낸 것이다.

언어로 표현하기 위해서는 우선 시인이 어떤 것에 감성의 안테나를 반응시켰는지를 시인의 입장에서 생각해야만 한다. '가네코 미스즈가 발견한 것은 무엇인가?'라는 관점에서 봐야 답을 찾을 수 있다는 것이다.

일단 〈쌓인 눈〉에 대해 생각해보자. 작자는 눈을 감정을 가진 것으로 보고 있다. 눈 자체는 감정을 느낄 수 없는 무생물인 데다가 눈 자체가 차가운 물성을 가지고 있기 때문에 '눈이 춥다'라고 느끼는 것은 상식적으로 있을 수 없는 일이다.

또 보통 눈은 내리면 쌓일 뿐인데, 시인은 눈 속을 3층으로 보고 있다. '위의 눈, 가운데 눈, 아래 눈'이라고 3단으로 나누는 것은 보기 드문 발상이다. 위와 아래 정도는 이미지로 떠올릴 수 있는 사람이 있을지도 모르지만, 가운데 눈에 대해서는 생각할 수 있는 사람이 많지 않을 것이다. 어째서 이 시인은 보통 사람이 생각할 수 없는 것들을 눈에서 발견했을까? 그건 바로 시인이 언제나 다른 사람들의 눈에 띄지 않는 것을 보고 있었기 때문이다.

우리는 평소 일반적인 시점으로 세상을 바라보기 때문에 보이는 세계가 한정적이다. 보이지 않는 것까지 보려는 노력을 조금도 기울이지 않는다. 그럴 필요도 느끼지 못하고 말이다. 그러나 가네코 미스즈는 달랐다. '가운데 눈'에 감성의 안테나가 반응했을 때, '가운데 눈'이 '만약 기분을 가지고 있다면?' 하고 상상해본 것이다. 여기서 우리는 가네코 미스즈의 시가 모든 사물에 생명이 깃들어 있다는 애니미즘의 영향을 받았다는 것을 알 수 있다.

또 어린아이 특유의 감성도 보인다. 아이들은 인형이나 자동차 등의 장난감을 마치 살아 있는 것처럼 다룬다. 어린 시절 나는 자주 동물 장난감을 가지고 놀았다. 작은 기린이나 얼룩말을 사바나로 명명한 다다미 위에 올려놓고 긴 이야기를 만들거나 대화를 시키거나 하면서 놀았다. 이렇게 상상력이 발동할 때는 마음이 다른 사물로 옮겨가기 쉬운 상태가 된다. 시인은 이러한 감성을 기술로 가지고 있는 사람들이다.

그러나 가네코 미스즈가 언제나 아이들의 감성만을 가지고 산 것은 아니다. 그녀는 문학을 이해하지 못하는 남편과 결혼하여 가혹한 인생을 살았다. 마음에 아픔을 지닌 그녀는 다른 사람의 아픔도 깊이 이해했다. 〈대어〉를 보면 알 수 있다. 바닷속에서 정어리가 장례식을 열고 있다고 하는 것은 아픔을 겪어보지 못한 사람은 할 수 없는 상상이다. 이것도 역시 바닷속이라는 보이지 않는 곳에 감성을 작동시킨 예이다. 물론 정어리는 장례식을 하지 않지만 가네코 미스즈는 항상 약자에 대한 감성을 작동시키고 있기 때문에 이러한 상상을 할 수 있는 것이다.

즉, 이 두 작품에 공통된 작가의 견해는 다른 사람에게 보이지 않는 약자의 기분을 헤아리고 아픔과 괴로움을 표현하지 못하는 대상의 기분을 언어로 표현한 것이다.

사실 이 문제는 친절하게 '공통점은 무엇인가'라고 묻고 있으므로 비교적 쉬운 문제이다. '비교하라'가 아니라 두 시에는 공통점이 있다고 미리 알려준 것이니 그것을 찾기만 하면 되기 때문이다. 핵심은 늘 문제에 답이 있다는 것이다.

자신만의 경험을
연결시켜라

두 지문을 비교하여 공통점과 차이점을 찾아내는 것, 그것이 도쿄대학교 입시 문제의 가장 기본적인 패턴이다. 그다음으로 많이 나오는 것은 '당신은 그것에 대해 어떻게 생각하는가?' 하는 글쓴이의 생각을 묻는 것이다.

만약 앞선 문제의 질문이 공통점을 찾는 게 아니라 '두 시를 읽고 당신의 생각을 서술하시오'였다면 어떻게 써야 할까?

가장 간단한 것은 '나는 가네코 미스즈를 좋아합니다. 왜냐하면 작은 것이나 약한 것의 기분을 헤아리기 때문입니다'와 같이 쓰는 것이다. 그러나 이 글은 뭔가 부족해 보인다. 여기서는 일단 200자 이내라는 제한에서 벗어나 시를 읽었을 때 자신 안에서 무엇이 촉발됐는지 생각해야 한다.

뭔가에 촉발되는 것은 매우 중요하다. 감화를 받거나 영감을 떠올리는 것과 비슷한 행위라 할 수 있다. 글은 바로 그런 힘을 이용해 쓰기 때문이다.

가네코 미스즈의 시를 예로 들면, 일단 먼저 '이 시가 좋다, 싫다'라는 단계가 있다. 처음에는 '눈에 감정이 있을 리가 없잖아' 하며 단순한 감상으로 생각하거나 어린아이가 쓴 글 같은 느낌을 받은 사람도 있을 것이다. 그것은 1차원적 감상으로 단순히 좋고 싫음 단계에 머물러 있어 자신 안에 있는 뭔가가 촉발되어 나오는 감각까지는 이르지 못한 것이다. 제일 최악의 경우는 처음부터 '이 시는 내 취향이 아니야'라고 단정 지은 뒤 출발하는 것이다. 물론 실제로 자기 취향이 아닐 수도 있지만 지금은 당장 답을 써야 하는 상황이다. 만약 '내 취향이 아니야'라는 그물을 쳐버린다면 내 안에 있는 경험을 끌어올릴 수 없다. 또 최초의 단계에서 너무도 단순하게 '좋다', '싫다'로 나누어버리는 것도 마찬가지다. 그다음 단계로 나아갈 수가 없다.

그러므로 좋고 싫음을 떠나서 이 시를 계기로 자신 안에 떠오르는 것이 있는지를 생각해보자. 그러면 몇 가지 방향성이 나올 것이다.

예를 들면 자신이 경험한 것을 이 시를 계기로 떠올려보는 것이다. 〈쌓인 눈〉, 〈대어〉라는 시를 그물로 삼아 자신의 경험을 끌어올리자. 이런 작업이 가능해지면 문제가 바뀌어도 물고기를 쉽게 잡을 수 있다.

내 경우에는 〈대어〉를 읽는 순간, 초등학교 6학년 때의 붕어와 개구리 해부가 떠올랐다. 선생님이 "오늘 수업에서 중요한 것은 무엇인가요?"라고 질문을 했는데, 나는 "해부를 잘해서 뱃속 구조를 이해하는 것입니다"라고 대답했다. 지금 생각해보면 아마도 선생님이 요구한 답은 개구리의 생명을 빼앗는 것에 대해 미안하지는 않은지, 생명의 중요성을 알고 있는지였을 것이다. 그런데 당시의 나는 뭔가 똑똑해 보이고 싶은 열망이 있었던 건지 틀린 말은 아니었지만 그렇게 대답하고 말았다.

이처럼 나는 '정어리의 장례식'이라는 문구에서 '그러고 보니 초등학교 때 개구리 해부를 재미있게 했었다', '의미 없이 개미를 밟아 죽이며 놀았다'라는 살생의 경험을 떠올렸다. 만약 경험이 떠올랐다면 그 경험을 글에 넣어보자. 그러면 적어도 이 시가 그 사람의 경험 세계에 들어온 것을 상대가 알 수 있다.

이때 경험한 그대로의 상태보다는 거기에서 촉발된 조금 의외의 것과 연결시키면 채점자에게 강한 인상을 심어줄 수 있다. 예를 들어 이라크 전쟁 같은 세계를 뒤흔드는 대사건과 〈쌓인 눈〉이나 〈대어〉를 연결시켜 생명 존중에 대한 이야기를 쓰는 것이다. 가네코 미스즈의 세계와 완전히 동떨어진 것을 자신이라는 필터를 통해 자신의 경험과 연결시킨 후, 그 연결의 재미를 보여주는 것이다. 그렇게 하면 자기표현도 되고 가네코 미스즈의 메시지를 깊이 받아들인 것도 된다.

그러니 '시여서 모르겠다'라고 생각하지 말고 시를 읽었을 때 떠올랐던 이미지를 바탕으로 연결시킬 수 있는 나의 경험들을 떠올려보자. 그리고 거기서 얻은 경험들을 자신만의 관점으로 연결시켜 글로 풀어내면 된다.

삼각형으로
내용 확장시키기

자, 이번에는 기술을 조금 더 업그레이드해보자. 자신만의 경험을 떠올리고 그것을 연결시켜 글을 해석하는 것에 더해, 큰 폭의 질을 향상시킬 수 있는 다른 텍스트를 끌고 오는 것이다. 바로 '삼각형'으로 내용 확장시키기다.

처음에 '가네코 미스즈의 세계'와 '자신의 경험'만이 있었다면 이번에는 그와 연관된 별도의 '다른 텍스트'를 가지고 와서 세 가지를 연결하여 삼각형을 만든다. 그러면 이야기가 확장되며 글의 수준이 업그레이드된다.

그렇다면 어떤 텍스트를 가지고 오는 게 좋을까? 이 문제의 경우에는 아우슈비츠에 대해 쓴 빅토르 프랑클의 《죽음의 수용소에서》도 좋을 것이다. 이 책 속에는 아우슈비츠 안에서 희망을 잃은 사람들이 차례로 목숨을 잃어간다는 내용이 기술되어 있다. 히틀러의 손에 목숨을 빼앗겨 죽어간 사람들의 소리를 대변하는 논픽션이므로, 이것을 가네코 미스즈와 연결하여 '생명'이라는 키워드로 묶어서 써도 좋다. 비슷한 것으로 영화 〈쉰들러 리스트〉도 좋고 유대인의 증언을 방대한 필름에 담아 기록으로 남긴 〈쇼아〉도 좋다. 가네코 미스즈와 〈쇼아〉, 거기에 자신이 경험한 개구리 해부도 좋고 할아버지에게 들은 전쟁 체험도 좋으니 세 가지를 연결하여 쓰는 것이다.

혹은 더 문학적인 미야자와 겐지의 《쏙독새의 별》을 가지고 와도 좋다. 이 책은 '쏙독새(일본어로 요다카-옮긴이)'라는 못생긴 새가, 이름이 매(일본어로 다카-옮긴이)와 닮았지만 매가 아니라는 이유로 매에게 괴롭힘을 당하는 내용이다. 하지만 단 한 번도 나쁜 짓을 한 적이 없어 스스로 당당하다고 생각하는 쏙독새는 그 불합리함에 무척 괴로워한다. 그러던 어느 날 하늘을 날다가 장수풍뎅이를 잡아먹고 만다. 자신도 먹이사슬에서 자신보다 약한 것을 잡아먹으며 살아갈 수밖에 없다는 삶의 방식을 깨닫고 스스로에게 실망한 쪽독새는 '차라리 별이 되고 싶다'고 생각하며 이야기는 끝을 맺는다.

이 이야기에서 미야자와 겐지의 채식주의적 사상을 가져와도 좋고, 옛날 사람들은 먹기 전에 생명 존중의 의식으로 '죄송합니다' 하며 합장하는 습관이 있었다는 것을 넣어도 좋다.

바야흐로 좋은 문장이란 자신의 감성을 흔든 내용을 넣는 것이다. 만약 내가 채점자라면 이 시가 시를 읽은 사람에게 어떤 감정을 일으켰는지 묻고 싶다. 정확하게 이해하지 못하면 감정을 일으키는 지점도 잘못된 형태로 작용하기 때문에 우선은 편견 없이 정확하게 이해하는 게 중요하다. 그다음 자신의 세계에 파고들어온 느낌을 표현하는 것이다.

그럼 앞선 과제에 대한 두 가지 해답의 예를 살펴보자.

보통 쓰기 쉬운 해답의 예

두 시 모두 좋은 시라고 생각한다. 특히 대단한 점은 눈과 정어리가 기분을 가지고 있다는 점이다. 작자는 눈과 정어리도 인간처럼 감정을 느낀다고 보았다. 보통은 눈을 보아도 그런 생각을 하지 않는다. 또 정어리가 바닷속에서 장례식을 한다고 누구도 상상하지 못할 것이다. 보통 사람들과는 다른 엄청난 감성을 가진 사람이라고 생각하기 때문에 나도 가네코 미스즈처럼 대단한 감성을 가진 사람이 되고 싶다.

삼각형으로 확장시킨 해답의 예

두 작품의 공통점은 약한 것에 대한 작자의 동정이다. 작자에게는 들리지 않는 소리를 듣는 '상냥한 귀'가 있다. 특히 '가운데 눈',

표 5 **삼각형으로 확장시키기**

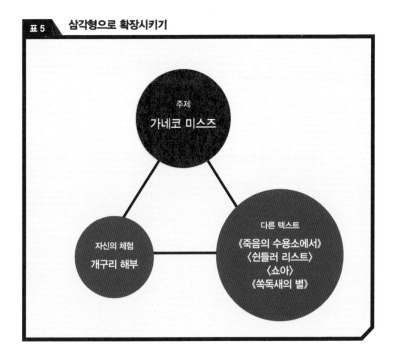

'바닷속의 정어리'를 의식하는 작자의 감성에서 다른 사람들이 의식하지 못하는 약자에 대한 공감이 강하게 느껴진다. 나도 전에 〈쇼아〉라는 영화에서 나치에 희생된 사람들의 증언을 본 적이 있다. 강자의 그늘에서 희생된 사람들의 소리 없는 소리를 듣는 '상냥한 귀'를 갖는 것이 남아 있는 우리들의 책임이라고 생각한다.

어떤가? 두 해답의 예를 비교해 읽어보자. 차이가 확연하게 드러나지 않는가? 전자의 해답은 가네코 미스즈의 시에 대해 '대단합니다', '나도 가네코 미스즈처럼 되고 싶습니다' 정도의 감상평만 늘어놓았다. 하지만 삼각형으로 나의 경험과 텍스트 확장을 연결시켜놓은 후자의 답을 읽으니 어떤가? 훨씬 논리정연하며 글쓴이의 식견이 드러나는 글이 되지 않았는가? 후자처럼 가네코 미스즈와 자신이 부딪치는 지점에서 생겨난 스파크를 쓸 수 있다면, 채점자를 감탄시키는 '공격적'인 해답을 써낼 수 있다.

키워드를
빼먹지 않는다

글을 쓸 때 또 하나의 포인트는 키워드를 넣는 것이다. 특히 읽을거리가 주어진 논술의 경우, 읽을거리에서 얘기하는 중심 개념과 사고방식을 상징하는 키워드를 찾아야 한다. 그리고 그 키워드가 자신의 세계와 어떻게 접촉했는지를 쓰면 좋은 문장이 나오게 된다.

이것을 명심하고 다음 문제를 살펴보자. 1986년 도쿄대학교 문리 공통 문제 2번이다.

다음의 글은 〈요즘 '젠자(前座)'가 재미있다〉라는 제목의 글이다. 이것을 읽고 느낀 것, 생각한 것을 160자 이상 200자 이내로 서술하시오.

주의)
1. 이 글을 이해했는지가 중요하지만 그렇다고 요약이나 설명을 요구하는 것은 아니다.
2. 채점 시 맞춤법도 고려 대상이다.

요즘 '젠자'가 재미있다

젠자란 본공연에 앞서 하는 개막극으로, 만담이나 야담 등에서 공연을 시작하기에 앞서 다른 출연자들이 등장하는 공연이나 그 출연자를 일컫는다. 하지만 지금은 더욱 폭넓게 쓰이고 있다.

스포츠에도 젠자가 있다. 복싱 경기에서는 보통 그날의 메인이벤트가 시작하기 전에 4회전 시합이 몇 경기 편성된다. 프로 야구로 말하면 2군 시합이 젠자에 해당한다. 고교 야구에서는 지역 예선쯤 될까? 경마에서는 특별히 많은 상금이 걸려 있는 특별 레이스가 있는 날의 전반, 제5레이스 정도까지를 젠자라고 할 수 있을 것이다. 스모에서 말하면 마쿠시타(대전표의 제2단에 이름이 실리는 씨름꾼. 혹은 경기장 안에 들어가지 못하는 씨름꾼들을 말한다―옮긴이)의 대전까지가 젠자라고 할 수 있다.

어떤 젠자는 본경기보다도 재미있을 때가 많다. 모두 뭔가가 되려고 하고 있으나 아직 아무것도 아니다. 옥석이 뒤섞여 있다. 누구나 무한한 가능성이 있지만 거기에 있는 대부분의 사람은 아무것도 되지 못한 자신을 응시하며 결국은 어딘가로 떠나간다. 유한하다는 것을 알면서 무한의 가능성을 꿈꾼다. 거기에는 묘한 존재감이 있다.

꼴사나운 펀치를 휘두르다가 우연히 맞은 펀치로 KO승. 그러나 거기에 완전히 취해서 영웅처럼 행동하는 소년. 그는 그 일을 계기로 무모하게 꿈을 향해 돌진할지도 모른다. 혹은 자신은 그 이상 대단한 사람이 될 수 없다며 거의 포기한 사람도 있다. 결국 재능이 없었다면서. 그러나 이 풋내기에게 질 수 없다며 일순 눈을 빛낸다.

관객이 없는 구장, 텅 빈 스타디움, 열기가 충만하기 전의 링 위에도, 날마다 터닝포인트가 준비되어 있다. 매일 누군가는 패하고 누군가는 승자가 되는 거리, 도쿄. 골목길을 돌아선 곳에서도 같은 드라마가 펼쳐지고 있을지 모른다. 인간이 움직이는 곳, 어느 곳에나 젠자를 위한 스타디움이 있다.

이 글은 야마기와 준지의 〈요즘 '젠자'가 재미있다〉《요미우리신문》)을 제재로 한 것이다. 이 문제에서 주의할 점은 문제의 뒤에 있는 '주의' 부분이다. 아마도 당시 수험생들의 해답이 단순 요약이나 해설인 경우가 많았나 보다. 그래서 문제의 의도는 '감상과 의견을 쓰는 것'이라고 재차 강조하고 있다.

그러므로 해답을 작성하기 전에 자신이 이 문장을 이해하고 무엇에 마음이 움직였는지 살펴봐야 한다. 이를 알아낼 수 있는 가장 쉬운 방법은 문제로 주어진 글을 읽을 때 자신이 어느 문장에 주목했는지 찾는 것이다.

이 글의 키워드는 '젠자'이다. 작은따옴표로 강조되어 있으니 틀림없다. 그러므로 작자가 '젠자'에 흥미를 갖는 이유를 이해하는 게 먼저 필요하다.

시합에서는 메인이벤트가 가장 인기가 높기 때문에 앞쪽에 배치된 시합일수록 시시한 경기이거나 재미없는 경기일 확률이 높다. 스모 경기에서도 요코즈나(일본 최고의 씨름꾼-옮긴이)가 나오기 전에 마쿠시타 경기가 있다. 조노구치(씨름에서 최하위 등급-옮긴이)나 조노니(맨 아래에서 두 번째 등급-옮긴이)부터 시작해서 차례차례로 강한 씨름꾼이 대전에 나오게 된다. 처음에는 보고 있는 사람이 힘이 빠져버릴 것 같은 수준의 스모가 계속된다. 레벨이 높은 씨름을 좋아하는 사람에게 젠자는 재미없기 때문에 메인이벤트만 보려고 한다.

그러나 이 작자는 '젠자'가 재미있다고 말한다. 그 이유에 대해서는 세 번째 단락에 꼼꼼하게 적혀 있다. '모두 뭔가가 되려고 하고 있으나 아직 아무것도 아니다', '유한하다는 것을 알면서 무한의 가능성을 꿈꾼다', '묘한 존재감이 있다'라는 문장이 이유이다.

우선은 문장 전체의 키워드인 '젠자'에 주목하여 '젠자'에 대한 저자의 생각, 재미있는 이유를 파악해야 한다. 그다음 자기 나름대로 반응하는 키워드를 찾는다. 예를 들면 '젠자'에 관련하여 등장하는 '터닝포인트'나 '드라마'라는 단어에 주목해도 좋고, '매일 누군가는 패하고 누군가는 승자가 되는 거리, 도쿄'라는 문장의 '도쿄'를 선택해도 좋다.

'드라마'라는 단어에 주목했다면 그다음 생각의 발전을 이렇게 이어가도 좋을 것이다. '젠자'나 메인이벤트에 관계없이, 출연한 사람에게는 그것이 마지막 경기인 경우가 많다. 지역 예선전을 치르고 전국대회에 출전하는 경우나 토너먼트 방식으로 행해지는 시합의 경우, 매번 절박한 심정으로 싸우는 사람들이 만들어내는 '드라마'가 펼쳐진다. 이것은 우리들의 생활에도 적용된다. 대부분의 사람은 슈퍼스타가 될 수 없다. 소위 '젠자'적으로 살아가야만 하는 사람이 많다. 그 속에서 일어나는 '드라마'라는 관점에서 글을 쓰는 것이다.

'도쿄'를 키워드로 잡았다면 지방에서는 메인이벤트에 가까이 있던 사람('지방에서는 지는 것을 몰랐던 사람')이 도쿄에 올라왔더니 갑자기 '젠자'부터 다시 시작하게 되어 힘들었다는 체험을 써도 좋다.

이와 같이 어느 것을 키워드로 선택하느냐에 따라 그물이 다르기 때문에 잡혀 올라오는 것도 달라진다. 그렇게 키워드를 잡아 자신만의 생각을 연결해나가면 어렵지 않게 새로운 글을 쓸 수 있다.

긍정하거나
부정하거나

자신의 의견에 대해 써야 할 때, 하지만 어디서부터 어떻게 써야 할지 깜깜하고 그와 관련된 자신만의 경험이나 키워드 역시 떠오르지 않을 때, 그때 사용할 수 있는 방법이 있다. 바로 작자의 생각을 긍정하는 측면에서 자신의 의견을 보태는 긍정론과 작자의 생각을 부정하는 측면에서 그 내용을 반박하는 부정론이 그것이다. 찬성과 반대, 긍정과 부정이 명백한 질문이라면 이 방법이 어쩌면 너무나 당연한, 글쓰기 팁이라고 할 수 있을까 할 정도로 보잘것없어 보이겠지만 긍정-부정론은 꽤 유용한 글쓰기 팁이 된다. 질문자의 의도에서, 혹은 출제자가 낸 지문 안에서 글쓴이가 의도적으로 찬-반, 긍정-부정의 관점을 제시하고 그중 하나에 자신의 의견을 실어 글을 써내려가면 된다. 즉, 답을 하는 사람이 스스로가 찬-반, 긍정-부정의 발제를 던지고 글을 풀어가는 것이다.

앞서 제시한 '젠자'의 문제를 이 시각에서 한번 풀어보자. 젠자에 대한 글은 원래 젠자를 옹호하는 것도, 그렇다고 젠자를 비판하는 것도 아니다. 젠자를 찬성하지도 반대하지도 않는다. 그렇다면 이 주제를 어떻게 긍정-부정론으로 바꿀 수 있을까? 바로 젠자를 보는 관객들의 입장에서, 그들에게 과연 젠자가 긍정적 영향을 끼치는지, 부정적 영향을 끼치는지로 관점을 바꿔보는 것이다.

먼저 긍정하는 경우를 생각해보자. 젠자에 대한 긍정론은 비록 사회적 위치가 낮은 '젠자적' 위치에 있어도 보는 이들로 하여금 인간다움을 느끼게 해주고, 노력하는 모습 속에서 삶의 의욕이나 희망을 발견하게 한다고 말하는 경우이다. 젠자 시합은 미숙함 때문에 실수도 자주 발생하고, 사람들의 주목을 받지도 못하며 대우역시 낮다. 하지만 우리 모두에게는 미숙한 시절이 있었거나 현재 미숙한 상태이며, 실수는 하지만 최고의 자리에 오르기 위해 노력하고 있다. 그렇기 때문에 그 안에서 인생의 리얼리티를 보고 감동을 받는다. 시합 이상으로 다양한 삶의 모습과 인생을 보여주며 세상에 대한 이해의 폭을 넓혀준다. 이것이 긍정론의 관점이다.

그렇다면 이번에는 부정론을 생각해보자. 부정하는 경우에 유의해야 할 것은 단순 비판이 아니라 그것을 뛰어넘는 의견을 제시해야 한다는 점이다. 또한 작자의 주장을 충분히 이해하지 못한 채작자의 논조를 부정해버리면 읽는 이에게 거부감을 줄 수도 있다. 그만큼 위험 부담이 따른다. 하지만 그것이 새로운 관점으로 전환되는 데 성공한다면 긍정론의 글보다는 훨씬 강렬한 인상을 주게된다. 작자의 의견에 무조건 복종하지 않고 '여기는 이렇게 볼 수도 있지 않을까' 하고 시점을 비판하거나, 다른 각도를 제시할 수있으면 성공한 것이다. 만약 명확한 부정론의 논리가 없거나 부정론이 거부감을 느끼게 할 수 있다면, 전면 부정 대신 관점을 약간바꿔서 쓰는 편이 위험 부담이 적다.

'젠자' 문제의 경우에 '젠자를 보고 있으면 인간극장을 보고 있는 듯하여 재미있기는 하지만, 나 자신도 지금 뭔가가 되고자 하지만 되지 못하는 상태이기 때문에 젠자를 보면 나를 보는 것 같아가슴이 아프다'라는 식으로 쓰는 것이 가장 무난하다. 즉, '젠자는 재미있는 것이다'라는 작자의 인식에 대해 '젠자는 가슴 아프다'를대비시키는 것이다.

작자를 부정할 때 '이 작자는 지나치게 차갑다'거나 '가르치려 든다'라는 식으로 비판한다면 객관적 근거 없이 주관적 판단에 기대어 쓰는 것이기 때문에 그다지 좋은 해답이라고 할 수 없다. '뭔가가 되지 못하는' 젠자의 초조함을 자기 자신에게 비춰봤을 때 어떠한가가 중요하다.

여기에 글을 좀 더 세련되게 만들고 싶다면 앞에서 언급했듯이 연상된 책을 가지고 오는 것도 좋다. 예를 들어 도스토옙스키의 《죄와 벌》이라면 아무것도 되지 못하는 자신에 대한 초조함이 살인을 불러일으킨다는 내용이 젠자와 연결될 수 있다. 주인공 라스콜리니코프의 초조함과 젠자의 불안함, 거기에 본인 역시 그러한 상황 속에 있기 때문에 젠자에 대해서 깊은 공감을 느껴 마음이 아파 웃을 수 없다는 식으로 써도 좋다.

도식화하면
명료해진다

1992년 도쿄대학교 문리 공통 문제 2번을 살펴보자.

다음의 (가), (나), (다)는 같은 주인공이 등장하는 시리즈 영화의 대사이다. (가), (나), (다) 중 하나를 골라 그것에 대한 자신만의 생각을 160자 이상 200자 이내로 서술하시오(구두점도 한 글자로 간주).

주의) 채점 시 맞춤법도 고려 대상이다.

(가) "인텔리는 지나치게 깊이 생각하는 경향이 있어요. 그러는 사이에 자

신이 무슨 생각을 하고 있었는지도 잊어버리지요. 즉, 텔레비전 뒤의 배선이 뒤죽박죽 뒤엉켜 있는 것과 같은 상태예요. 네네, 그 점에 있어서 내 경우는 선이 하나뿐이죠. 말하자면 텅 비었다고나 할까요. 두드리면 텅하고 맑은 소리가 난다니까요. 한번 두드려볼까요?"

(나) "토라 씨, 인간은 왜 죽는 걸까요?"
"인간이오? 글쎄요. 뭐랄까, 결국 이런 거 아닐까요? 인간이 죽지 않고 계속 살아 있으면 땅에 인간으로 가득차서 우글우글. 면적은 정해져 있고, 만원상태가 되니 서로 밀어내기 게임을 하다가 발 디딜 곳이 없는 사람부터 바닷속으로 첨벙 빠져 어푸어푸, '사람 살려! 사람 살려!' 하며 죽어가는 거죠. 결국 그런 거 아닐까요? 하여간 그런 건 깊이 생각하지 않는 편이 좋아요."

(다) "매화꽃이 피어 있습니다. 어디선가 들려오는 시냇물 소리도 봄이 가까워졌다는 걸 알리는 요즘입니다. 정처 없이 떠돌아다니는 보잘것없는 제가 멋을 내기 위해 점퍼도 입지 않고 걷고 있습니다. 사실은 봄을 기다리다 지친 작은 새처럼 따뜻한 햇살이 비치는 계절을 애타게 기다리고 있는 것입니다."

위 지문은 야마다 요지 감독의 영화 〈남자는 괴로워〉의 대사이다. 지문을 봤을 때 그 영화의 대사라는 것을 알면 더욱 쉽고 빠르게 이해할 수 있겠지만 몰라도 크게 상관없다. 이러한 문제를 접하면 우선 읽을 때 키워드, 혹은 핵심 메시지에 줄을 치며 읽는 것이 좋다. 특히 서로 전혀 연관성이 없어 보이는 지문일수록 이러한 작업은 더더욱 필요하다. 그 키워드 등을 통해 전체 문단을 아우르는 주제의식을 찾을 수 있기 때문이다.

예를 들어 (가)의 '인텔리', '텅 비었다', (나)의 '깊이 생각하는 편', '깊이 생각하지 않는 편', (다)의 '정처 없이 떠돌아다니는' 등의 키워드를 발견했다고 해보자. 그다음에는 단순한 도식이라도 좋으니 A와 B로 나누어보는 것이다. A가 (가)에 등장하는 '인텔리'나 (나)에 등장하는 '깊이 생각하는 타입의 인간'이라면 B는 (나)의 토라처럼 단순한 삶, (다)의 주인공처럼 '정처 없이 떠돌아다니는 보잘것없는' 타입으로 나눌 수 있다. 그렇게 하면 상반된 두 가지 라이프스타일이라는 주제로 한 편의 글을 쓸 수 있게 된다.

여기서 관점을 나누는 데에는 정답이 없다. 오히려 글쓴이의 참신한 시각일수록 높은 점수를 받을 확률이 높다. 논제(혹은 발제)를 제기하는 것도 글쓴이의 능력이기 때문에, 채점자나 읽는 사람들의 입장에서는 이미 논점을 정리한 것에서부터 글쓴이에 대한 이해를 시작한다. 그러니 논리만 명확하게 있다면 두려워하지 말고 과감하게 써내려가면 된다.

만약 이런 도식화 작업이 없이 다짜고짜 쓰기 시작하면 요점에서 벗어난 글이 되기 십상이다. 본격적으로 글쓰기를 시작했다면 무엇과 무엇이 지금 대립하고 있는지, 공통점과 차이점이 무엇인지, 그룹 내에서 무엇이 중요하고 무엇이 중요하지 않은지를 늘 머릿속에 넣어두고 써야 한다. 초보자일수록 더욱더 이런 작업이 먼저 이루어져야 한다.

특히 길고 복잡한 글일수록 도식화하는 게 도움이 된다. A와 B의 정리함을 만들고 거기에 표찰을 붙여서 집어넣으면 된다. 요컨대 파일로 정리하는 것이다. 이렇게 정리해두면 키워드를 한눈에 볼 수 있어 써야 할 것들을 놓치지 않고 다 담을 수 있다.

단, 도식화를 한다고 해서 선과 악, 옳고 그름과 같이 단순화해 나누는 것은 위험하니 조심하자. '깊이 생각하는 삶'은 옳은 삶, '정처 없이 떠돌아다니는 삶'은 그른 삶이라는 가치판단은 매우 위험하며 읽는 이로 하여금 거부감만 생기게 할 뿐이다. 만약 두 대립각 모두 각각의 입장에서만 논하기 어려운 상황이라면 도식을 해체해 제3의 안을 제안하는 '변증법'적 글쓰기를 적용하면 된다.

도식화 글쓰기가 가능해지면 글쓰기도 명료해질 뿐 아니라, 프레젠테이션을 할 때도 도움을 받을 수 있다. 또 토론에서도 그 역량을 발휘할 수 있다. 자신의 생각과 상대방의 생각이 첨예하게 대립하고 있다 해도 자신의 주장만을 내세우며 공격하는 것이 아니라, '그러고 보니 이런 생각을 하나 더 추가하니까 다른 것이 보이기 시작하네요'라는 토론이 가능해져 훨씬 더 발전된 결과물을 낳을 수 있게 된다.

　책을 읽을 때도, 글을 쓸 때도, 대화를 나눌 때도, 상대방의 생각과 나의 생각이 어떻게 다른지를 인지하고 더 나은 결론을 도출하는 것이 최종 목표가 되어야 함을 잊지 마라.

자기 소개에도
맞춤형 서비스가
필요하다

대부분의 사람들은 살면서 한 번쯤은 자기소개서를 쓴다. 그 누구보다 자신을 잘

아는 자신에 대해 쓰는 글인데도, 의외로 많은 사람들이 자기소개서를 쓰는 데 어

려움을 느낀다. 광범위한 나의 인생 중 어떤 부분을 소개해야 하는지, 어떻게 나를

객관화해서 써야 하는지 등에 대해 감이 잘 잡히지 않기 때문이다. 자기소개서는

나를 어필할 수 있는 가장 좋은 수단이자 가장 강력한 수단이다. 어떤 목적으로 나

를 소개하는지를 파악하고 그에 알맞은 자기소개서를 써낸다면 그 어떤 것보다 나

를 매력적으로 보이게 할 수 있다.

자기소개서는
나를 알리는 최고의 기회다

요즘은 자기소개서를 쓸 일이 많다. 특성화 학교를 준비하는 학생들이라면 초등학생 때부터 자기소개서를 쓰기 시작하고, 성인이 되어서도 취업을 하려면 자기소개서를 써야 한다. 대부분의 기업이 자기소개서 제출을 의무로 하기 때문에 누구든 한 번쯤은 자기소개서를 쓸 일이 생긴다. 심지어 기업에서 인재를 채용할 때 자기소개서의 중요성이 날로 커지고 있어서 많은 사람들이 자기소개서 앞에서 압박감을 느끼고 스트레스를 받곤 한다. 일단 자신의 장기를 보여주려면 면접까지 가야 하는데 자기소개서가 일단 통과되어

야 면접도 볼 수 있는데, 자기소개서에서 떨어져버리는 것이다.

이렇게 대부분의 사람들이 자기소개서 쓰는 것을 상당히 부담스러워한다. 하지만 나는 이것이야말로 '기회'라고 생각한다. 왜냐하면 이력서는 사실을 써야 하기 때문에 그 안에서 어떤 노력을 해볼 도리가 없다. 학력을 포장할 수도 없고 경력을 그럴듯하게 쓸 수도 없다. 이력서는 그저 가족, 학력, 경력 등을 사실 그대로 전달하는 것에 불과하기 때문이다.

그러나 자기소개서는 다르다. 자신을 어떻게 어필하느냐에 따라 결과가 달라진다. 학력과 학점, 경력 등에 관계없이 자신은 이러한 사람이라고 표현할 수 있는 기회이다. 소위 스펙이라는 것과 무관하게 나의 비전과 미션, 신념, 평소의 생각 등을 마음껏 뽐낼 수 있다. 기업이 자기소개서를 더욱더 중요시 여기는 것도 바로 이런 이유이다. 다변하는 사회에서 다양한 인재를 원하는 기업들은, 이력서만으로 그 사람을 제대로 판단하기 어렵다는 것을 깨달았다. 그래서 한 개인의 다방면을 볼 수 있는 자기소개서를 보기 시작했고, 그것에 더 큰 비중을 두기 시작한 것이다.

이렇게 말하면 이론적으로야 기회이지만 막상 쓰려고 하면 얼마나 막막한지 아느냐고 따지는 사람들이 있을 것이다. 맞다. 부담스러운 사람도 있다. 자기소개서를 부담스럽게 생각하는 이유는 여러 가지지만 몇 가지로 추려보면 다음과 같다. 첫째, 문장력이 너무 떨어져 정리된 문장을 쓸 수 없다. 둘째, 지면이 한정되어 있어 내용을 충실하게 쓸 수 없다. 셋째, 나만의 경험이나 생각을 쓰기는 했지만 너무 흔한 내용이어서 자신의 개성을 어필할 수 없다.

여기서 가장 큰 문제는 세 번째 이유다. 문장력은 지금까지 계속해왔던 이야기니 충분히 보완할 방법이 있고, 지면의 한계는 3장에서 200자 쓰기로 압축해 자신의 의견을 쓰는 방법은 훈련해왔다. 그런데 세 번째, 자기소개서를 쓰는 가장 궁극적 목적인 '나의 이야기'에 담을 내용이 없다면 상황은 심각해진다.

만약 자전거 세계 일주와 같이 매우 특별한 경험이 있으면 쓰기 쉬울 것이다. 하지만 보통의 대학생이라면 특이한 인생을 살지 않았을 것이다. 고등학교 시절 열심히 공부해서 대학교에 들어왔고, 대학에 입학해서도 동아리 활동이나 아르바이트를 하며 살아왔을 것이다. 예전이라면 해외여행, 연수 경험, 인턴 경험 등이 나름 독특한 경력이 될 수도 있지만 지금은 평범한 에피소드밖에 되지 않는데 어떻게 할까?

그럴 때는 자신을 신문기자라고 생각하고 메모를 하면서 자신에 대해 취재해보자. 인터뷰어이자 인터뷰이가 되는 것이다. 단순한 역할 놀이지만 의외로 그 장치만으로도 자신이 객관적으로 보이기 시작한다. 또 기사를 쓰려고 하다 보면 헤드나 서브, 혹은 강조해야 할 인터뷰이의 코멘트가 필요하다는 것을 알게 되는데, 그 코멘트를 찾다 보면 바로 자신의 강점을 발견하게 된다. 연예인들이나 정치인들의 인터뷰를 보면 긴 인터뷰 중에도 그 사람을 보여줄 수 있는 대표 코멘트를 따로 따서 표시한다. 그것만 읽어도 그 사람의 생각을 대충 파악할 수 있는 것들 말이다. 자신의 이야기 중에서 그 코멘트를 딸 수 있는 것들을 정리하다 보면 자신의 강점이 정리된다.

그런데 여기서 대부분의 학생이 실수를 범한다. "대학 다닐 때 무엇을 했는가?"라는 질문에 대부분의 학생은 "동아리에 들어가서 음악을 했습니다", "테니스를 했는데 대회에 나가 몇 위를 했습니다", "봉사활동을 했습니다"라고 대답한다. 그러나 채용하는 측에서 보면 이런 내용은 그다지 공감이 가지 않는다. 음악이나 테니스 실력으로 채용하는 것이 아니기 때문이다.

세븐&아이 홀딩스 회장 스즈키 도시후미와 대담한 내용을 책으로 냈을 때, 인상적이었던 점도 바로 그 점이다. 스즈키는 "학생 시절의 동아리 활동에 대해 이야기하는 사람이 많은데 그것은 의미가 없다. 무슨 공부를 해왔는지를 듣고 싶다"고 말했다. 어차피 무의미한 이야기라면, 차라리 4년 동안 자신의 전공 분야 중 특히 어떤 부분에 흥미를 느꼈고, 그것을 알기 위해 어떻게 공부했는지를 들려주는 게 낫다는 것이다. 다양한 경험도 좋지만 강렬한 인상을 남길 만한 게 아니라면, 학생의 본분을 얼마나 알차게 채워왔는지, 그 과정에서 어떤 생각의 발전이 있었고, 어떤 시각의 변화가 있었는지를 말하는 것이 좋다.

가장 좋지 않은 자기소개서는 자신의 경험이 포함되지 않은 것과 자신의 생각이 분명히 서술되지 않은 것이다. 상대에게 '조금 더 자세히 들어보고 싶군'이라는 생각이 들게 하려면 그 누구도 아닌 나만이 할 수 있는, 자신만의 독창적인 에피소드를 만들어야 한다.

또 하나 보태자면 원하는 회사마다 다른 자기소개서를 쓴다는 기개로 임해야 한다. 채용을 하는 기업의 입장이 되어 생각해보자. 자기소개서 몇백, 몇천 장이 한꺼번에 올라올 것이다. 이때 그것을 읽는 사람에게 '이 학생은 가능성이 있군. 조금 더 이야기를 들어보고 싶군'이라고 생각하게 해야 한다. 읽는 사람이 '아, 재미있을 것 같군', '열정이 보이는 친구군', '저력이 있을 것 같군', '장래성이 있군' 하고 생각할 수 있도록 써야 한다는 것이다. 즉, 강한 의지를 담아내야만 한다. '쓰라고 하니까 썼습니다'라는 식이나 일정

한 양식을 만들어두고 회사명만 바꿔서 쓴다면 열의가 전달되지 않는다. 물론 수십 개의 회사에 지원하는 경우는 비슷한 글이 되어버리지만 그럼에도 상대를 의식하며 썼는지 아닌지는 문장에 반드시 나타나게 되어 있다. 지원한 회사가 제조 회사인지 언론사인지 은행인지에 따라 당연히 쓰는 내용도 달라지기 때문이다.

자기소개서
잘 쓰는 9가지 방법

늘 머리를 아프게 만드는 자기소개서이지만, 여기에도 잘 쓸 수 있는 몇 가지 방법이 있다. 그동안 학생들의 자기소개서를 첨삭하면서, 학교에서 학생들의 자기소개서를 보면서 정리해본 것이다.

1. 자신의 전공에 대해 기술하라

너무 당연한 말 같은가? 그런데 놀랍게도 요즘 대학생들 중에는 자신이 전공한 학문에 대해서 제대로 말할 수 있는 학생이 많지 않다. 깊이 공부를 하려고 하는 학생도 없고, 자신의 전공보다는 취업이나 아르바이트 등 다른 것들에 집중하다 보니 오히려 자신의 전공에 대해서는 생각할 시간이 별로 없기 때문이다.

그러나 채용하는 기업의 입장에서는 '학교에서 제대로 공부도 하지 않았다면, 특별히 대학 졸업자를 뽑을 필요가 없다'고 생각한다. 대졸자를 뽑는 이유, 전공을 보고 뽑는 이유는 이미 그 전공에 대해 충분히 공부가 되었고 자신만의 견해가 있다는 전제가 깔려 있다. 학교에서 공부도 제대로 못한 친구가 회사에서 일에 집중할 수 있겠느냐는 것이다.

대학은 원래 공부하러 가는 곳이지, 동아리 활동이나 봉사활동을 하러 가는 곳이 아니다. 물론 동아리 활동에도 의미가 있다. 하지만 부차적인 것일 뿐, 동아리 활동이 대학 생활의 중심이 되면 안 된다. 만약 전공이 아닌 다른 것들에 가치를 두고 뽑겠다는 기업이 있다면 그것에 맞춰 쓰면 된다. 하지만 만약 그렇지 않다면 나는 학생 본연의 입장에서 '학문'에 대한 자기 자신의 모습을 있는 그대로 표현하는 것이 취직 시험을 통과하는 왕도라고 생각한다.

'대학에 들어가 전공 분야를 공부하여 세계관이 변했다', '전공 분야를 철저히 공부한 덕에 이런 식으로 세상을 볼 수 있게 되었다', '이러한 지식을 바탕으로 사회에서 실력을 발휘해가고 싶다'라고 말할 수 있는 것이 바로 학생 본연의 모습이다.

무엇을 위해 나는 대학에 갔는가? 근본적인 것으로 시선을 돌려 집중해서 쓴다면 그 자기소개서는 분명 눈에 띌 것이다.

2. '변화'의 경험을 담아라

만약 대학에서 공부다운 공부를 하지 않았다면, 그래서 동아리 활동이나 아르바이트밖에는 쓸 것이 없다는 학생은 어떻게 하면 좋을까? 이미 그렇게 된 상황에서 다시 공부를 해서 자기소개서를 쓰기란 여간 힘든 일이 아니다. 그렇다면 차선책을 찾아야 한다.

이 경우는 단순히 자신의 경험을 적는 것이 아니라 '거기서 무엇을 배웠느냐'에 중점을 두면 좋다. 특히 중요한 것은 자신이 어떻게 '변화했는가'에 집중하는 것이다. '변화'에 대한 주제는 다른 사람의 공감을 얻기 쉽다는 특징이 있다.

예를 들어 음악 동아리 활동밖에 쓸 게 없는 경우, '자신은 음악을 너무 사랑한 나머지 아침부터 밤까지 기타 연습을 하여 이러한 고난도의 테크닉을 습득했습니다'라는 식으로 쓰면 상대의 마음에 어떤 감동도 주지 못한다. 그 속에서 무엇을 배우고 어떻게 변화했는지를 써야 감동을 줄 수 있다. '자신에게 터닝포인트가 된 사건은 이것이다'라는 사실과 구체적인 에피소드뿐 아니라 그 덕분에 '나'라는 인간은 어떻게 '변화'했다는 것을 적어야만 한다.

'모든 재능은 타고나는 것이라고 생각하고 잘하는 친구들을 보면 무대 위의 화려한 모습만 본 채 '쟤 원래 잘하는 애'라고 치부해 버렸는데, 기타 연습을 하는 과정에서 그 생각이 잘못되었다는 걸 깨달았다. 화려한 한 번의 무대를 위해 사실 그들은 매일같이 고통스러울 정도의 연습을 했고 그 연습이 있었기 때문에 무대가 완벽할 수 있다는 사실을 깨달았다' 정도로 자신의 생각이 바뀐 부분을 담아줘야 한다. 그래야 상대에게 그 사람의 변화가 전해져서 상대방이 그 사람의 감수성과 학습 능력까지도 미루어 짐작하게 된다. 또 그 사람의 솔직함, 어떤 과정 속에서도 무엇이든 잡아내려 노력하는 민감한 안테나, 결정적인 순간에 최선을 다하는 힘 등을 짐작할 수 있다.

3. 신변의 일이나 에피소드를 써라

'변화'를 쓴다고 하면서 추상적인 이야기를 늘어놓으면 무슨 말을 하는지도 모르고, 어디서 베낀 듯한 인상을 줄 수 있기 때문에 가급적 자신이 직접 겪은 일을 쓰는 게 좋다. 또 그것을 표현하기 위해 구체적인 장소를 쓰면 좋다. 그러면 상대에게 신뢰감을 줄 수 있다.

'○○을 했습니다. 무척 열심히 했습니다'가 아니라 '○○을 했을 때, □□에서 이런 사건을 만나 △△를 배우고 저는 이렇게 변했습니다'라는 식으로 구체적인 장소를 포함시키는 것이다. 그렇게 하면 이 에피소드는 정말 자신만의 것이 되고, 구체적인 이야기에 읽는 이도 금방 몰입하여 읽게 된다.

기업이 요구하는 것은 적극적이고 유연성 있는 사람, 사물을 보는 관점이 다각적이고 변화에 대응할 수 있는 사람이다. 가장 피하고 싶은 사람은 소극적이고 완고한 사람이다. 좌표로 표시하면, '적극적 – 소극적'이라는 세로축이 있고, '유연 – 완고'라는 가로축이 있다. 기업은 적극적이고 유연성 있는 구역의 인물을 찾는다. 적극적이고 완고한 구역의 사람도 회사에 따라서는 '우리 회사는 완고함을 받아들일 수 있는 도량이 있으므로 적극성을 평가하고 싶다'라고 말하며 채용할 수도 있다. 그러나 대부분의 기업에서는 조직 문화에 쉽게 융화될 인재를 원하고, 고객과의 응대가 많아지고 중요해지면서 유연하게 대처할 수 있는 사람을 찾는다. 자신의 생각만 고집하는 완고한 스타일이나 소극적인 스타일은 취업 시장에서 경쟁력을 갖기 어렵다.

누구나 함께 일하고 싶은 사람은 유연하고 적극적이며 솔직하고 신뢰감이 가는 사람이다. 그러므로 그런 자세를 에피소드에 충분히 녹여낼 필요가 있다. 만약 자기소개서에서부터 '이 이야기는 지어낸 것 같은데?'라는 인상을 준다면 그 사람은 신뢰를 얻기 힘들다. 또 구체적으로 쓰다 보면 일을 할 때도 논리적이며 깔끔한 일처리가 가능할 것이라는 인상을 줄 수 있어 플러스 점수를 받을 수 있다.

자기 이야기만큼 재미있는 건 없다. 예능 프로그램이나 토크쇼에 출연한 사람들의 이야기를 보며 즐거워하는 것도 그것이 실제 일어난 일이고, 그 사람이 겪은 일이라 그 이야기를 듣는 것만으로도 즐거울 수 있는 것이다. 채용관도 결국 그 사람의 이야기가 재미있어야 듣고 관심을 갖게 된다. 그 점을 잊지 말자.

4. 실패담은 반성문이 아니다

실패담은 사실 자기소개서의 좋은 소재이다. 실패한 이야기에 실패에서 배운 것을 덧붙여 쓴다면, 사회경험을 했고 그것을 어떻게 극복했는지를 보여주게 된다. 또한 거기서 바뀐 자신의 모습을 보여줄 수도 있다. 그런데 자칫 이것을 반성문처럼 썼다가는 오히려 악영향을 끼칠 수 있다.

예를 들어 편의점에서 아르바이트한 경험을 썼다고 해보자. '손님에게 큰 항의를 받았고, 그 때문에 사장에게 야단을 맞았습니다. 저는 크게 반성했고 앞으로 손님에게 더욱 잘해야겠다는 생각을 하게 되었습니다.' 어떤가? 이 실패담이 매력적으로 보이는가? 이 실패담에는 '변화'도 없고 실수로 배운 '학습'의 결과도 없다. 그저 반성문일 뿐이다.

실패담에는 자신의 결점을 발견하여 고칠 수 있는 유연성을 나타내도록 글을 써야 한다. '저는 그동안 손님으로만 살아와서 손님을 대하는 역할에 대한 이해도도 낮았고 그 역할 인식이 미비했습니다. 그날부터 고객 응대에 대한 책을 찾아보며 '서비스'의 본질에 대해 공부했고, 편의점 아르바이트 시 종종 실수를 저지르는 것들은 노트에 따로 적어두고 일을 시작하기 전 큰 소리로 한 번씩 읽고 시작했습니다.' 이렇게 썼다고 해보자. 그러면 이 문장에서는 '이 사람은 실수를 저질렀을 때의 대처법을 알고 있고, 그것을 바꾸려 노력하는 열정을 가지고 있다'는 걸 보여주게 된다. '이러저러한 일이 있어서 그것을 해서는 안 되는 일이라고 생각했습니다'라는 문장과는 차원이 달라진다.

자신의 행동 습관을 고친다는 것은 단순히 깨닫거나 생각하는 것보다 훨씬 더 그 사람을 매력적으로 보여준다. 생각하는 것은 누구나 할 수 있지만 행동 습관을 고치는 것은 어렵기 때문이다. 일을 함께하는 동료라는 관점에서 보면 그 점은 매우 높이 평가받을 수 있다.

또한 어떤 식으로 곤란을 극복했는가를 어필하는 방법도 있다. 독자적인 사고를 할 수 있으면 문제 해결 능력이 있다는 인상을 줄 수 있다. 자기소개서에서 많은 학생이 '자신은 장벽을 뛰어넘은 의욕 넘치는 사람'이라고 강조하고 싶을 것이다. 그때 구체적으로 어떻게 뛰어넘었는지를 적으면 보다 설득력이 더해진다.

실패를 통해 배운다는 것은 우선 1단계로 자신이 깨닫지 못한 점이나 결점을 알고, 생각을 바꾸는 것이다. 그다음 행동이나 습관을 바꾸는 것이 2단계이다. 이 두 단계를 거친 사람은 조직에서든 사회에서든 능동적으로 대처할 수 있다.

5. 함께 일할 수 있는 사람이라는 걸 강조하라

내 나이쯤 되면 동급생이나 친구들 중에 관리직에 있는 사람이 많다. 그들에게 물어보면 채용의 포인트는 '결국 함께 일할 수 있는가, 그렇지 않은가'를 가리는 문제라고 입을 모은다.

여러분도 함께 일하고 싶은 사람을 상상해보자. 아니면 함께 조별 과제를 할 수 있는 사람을 뽑는다고 생각해보라. 어떤 사람이랑 과제를 함께하고 싶은가? 기본적으로는 긍정적인 사람일 것이다. 또 대화가 되고 사고가 다각적이며 다양한 시점에서 볼 수 있는 사람이어야 할 것이다. 이쪽에서 한 말에 대해 경청할 줄 알고, 아이디어가 많고……. 이런 사람이라면 함께 일하고 싶지 않을까?

그러므로 자기소개서에도 함께 일할 수 있다는 인상을 줘야 한다. 평소 자기가 생각한 대로 이기적인 생각을 적는다면 바로 아웃이다. 그 사람의 글을 읽고 '이 사람은 세계가 좁다', '지나치게 배금주의적다'라거나 '합리주의라고 그럴싸하게 들리지만 자신에게 이익이 되지 않으면 일을 하지 않는 타입이군'이라는 인상을 주어서는 채용되지 못한다.

기업에서 일한다는 것은 일종의 팀 스포츠이므로 팀의 일원이라는 느낌을 보이는 게 중요하다. 다른 사람과 협조할 수 있고 커뮤니케이션 능력이 있으며 자신의 의견을 제대로 말할 수 있다는 것을 자신의 구체적인 에피소드나 경험, 사건 등을 통해 어필하는 게 좋다. 자신의 전부를 어필하는 것이 아니라 '여기'라고 강조할 곳의 범위를 좁혀가는 작업을 사전에 해두면 좋다. 어차피 완벽한 사람이란 없고, 기업 입장에서도 완벽한 사람보다는 서로 상호보완이 가능하며 그래서 단점이 있더라도 한 가지 우수성이 있고 유연하게 사람들과 어울릴 수 있는 사람을 찾기 때문이다.

6. 적극성을 강조하라

자신이 유연하고 팀워크도 있는 사람이라는 점을 어필한 다음, 더욱 점수를 얻기 위해서는 타인에게 받은 영향을 집어넣으면 좋다. 누군가의 행동을 통해 발전했다든가, 누군가의 조언을 흡수해 그것을 내 것으로 발전시켰다면 보다 적극적이고 열려 있는 사람이라는 인상을 줄 수 있기 때문이다.

보통 회사에 들어가면 상사는 부하 직원에게 영향을 주고 싶다고 생각한다. 자신이 원하는 대로 따라오고, 자신의 지시를 잘 받아들이며, 더욱 발전된 의견을 만들어오는 후배들을 받고 싶어 한다. 즉, 상사는 자신이 영향을 줄 수 있는 사람을 원한다. 이것은 단순한 권력욕이 아니라 일을 가르치는 입장에서는 상대가 자신의 말에 영향을 받지 않으면 곤란하기 때문이다.

기업은 상사의 지시를 충실히 이행하는 동시에, 자기 안에서 플러스알파의 과정을 거쳐 더욱 발전된 안을 가져갔을 때 인재로 인정한다. '이것과 저것을 동시에' 할 수 있도록 재편성을 할 수 있는 사람을 원한다. 요컨대 학습능력이 있는가, 그렇지 않은가를 자기소개서를 통해 판단한다.

학교에서 과제를 하며 의제를 더욱 발전시켜본 경험, 선배나 선생님, 동료의 조언이나 충고를 적극적으로 수용해 더 나은 방향의 결과를 만들어낸 경험 등을 담아보자.

7. 평소 자기만의 소재를 항목별로 기록해두라

자기소개서도 갑자기 쓰려고 하면 자기 이야기라고 해도 잘 떠오르지 않는다. 여러분도 시험 삼아해보라. "지금까지 인상에 남는 말이나 문장은 무엇인가요?"라는 질문을 받았을 때, 몇 개나 떠올릴 수 있는가? 한두 개라면 쉽게 쓸 수 있지만 3개 이상은 쉽지 않다. 게다가 즉흥적으로 떠오른 것이라서 최선의 답이 아닌 경우가 많다.

그래서 평소 메모하고 기록하는 습관이 필요하다. 자신에게 큰 영향을 준 타인의 말이나 책을 읽고 기억에 남는 구절들만 잘 정리해둬도 그것을 잘 조합하면 인상적인 자기소개서가 된다. 중요한 것은 그것들을 소재로 자신이 변화에 유연한 인재이라는 사실을 어필하는 것인 만큼, 기업의 요구 사항에 맞는 적절한 소재들을 꺼내 쓰는 게 필요하다.

먼저 항복별로 떠오르는 것을 무작위로 나열해보자. 열

거하는 작업은 의뢰로 어렵다. 학생들에게 이것을 과제로 줬을 때도 대부분 추상적인 것만을 늘어놓았다. 추상적인 것이 아니라 어느 정도 구체적인 말과 문장을 써야만 한다. 이때 단어가 아니라 두세 줄의 문장을 쓰는 것만으로도 상당히 구체적이 된다.

아무리 해도 생각이 나지 않는 사람은 카페를 이용해도 좋다. 나는 이것을 '카페 택틱스'라고 부른다. 카페란 돈을 내고 장소와 시간을 사는 곳이기 때문에 손해를 보지 않기 위해 집중을 하게 된다. 또한 적당한 수준의 백색소음은 집중력을 높여주기 때문에 짧은 시간을 효율적으로 쓸 수 있다. 제한 시간은 약 1시간에서 1시간 반 정도. 그동안에 작업을 끝내야 한다고 생각하면 능률이 오른다.

어쨌거나 그런 장소를 설정하여 10개, 20개씩 쓰다 보면 자신이 가진 소재가 엄청나게 늘어날 것이다. 소재가 늘어나면 이야기의 깊이도 달라진다. 자기소개서를 쓸 때는 물론 면접을 볼 때도 인상에 남는 말을 하나밖에 준비하지 않은 사람과 10개, 20개 준비한 사람은 상대의 요구에 부응하는 정도가 현격히 다를 것이다.

특히 면접에서는 어떤 각도에서 어떤 질문이 날아올지 모른다. 거기서는 소재를 꺼내는 속도가 중요하다. 면접관에게 물어보면 '중점에서 벗어나 물어보지도 않았는데 자신이 준비한 말만 일방적으로 하는 사람'을 떨어뜨린다고 한다. '유연성이 없다'는 이유로 떨어뜨리는 것이다.

그러므로 우선 자기소개서를 쓰기에 앞서 과제에 대한 소재를 생각나는 대로 쥐어짜내는 연습을 해보자. 노트 50매 정도가 되면 자신이 경험해온 작은 것까지 머릿속에 입력되기 때문에 언제든지 꺼낼 수 있다.

8. 친구에게 도움을 청하라

소재가 더는 생각나지 않을 때, 자신만의 장점이나 에피소드를 떠올리기 힘들 때, 친구와 대화의 시간을 갖는 것도 좋다. 다른 사람과 이 얘기 저 얘기를 하다 보면 '아, 그런 일도 있었지' 하고 깨닫게 된다. 또 상대가 하는 이야기에 자극을 받아 자신도 뭔가가 생각이 난다. 대화하면서 구체성, 설득력도 추구할 수 있다. 그러므로 함께 구직 활동을 할 수 있는 파트너를 찾는 것도 좋다.

구직 활동은 아니지만 나도 대학원 시험을 준비할 때 대화 파트너가 있었다. 대학원 시험도 구직 활동과 마찬가지다. 내 경우 법학부에서 전혀 분야가 다른 교육학부 대학원 시험을 봤기 때문에 함께 시험 본 친구의 도움이 컸다. 시험 볼 때 제2외국어를 선택해야 하는데 당시 내가 선택했던 독일어는 내 적성에 안 맞았다. 그런데 친구가 프랑스어를 잘했기에 나는 프랑스어로 바꿔서 친구를 선생 삼아 1년간 열심히 공부했다.

결과적으로 매우 탁월한 선택이었다. 시험을 향해 둘이 정보 교환을 하면서 공부한 덕분에 공부 속도가 빨라져서 두 사람 모두 대학원에 합격했다.

이처럼 같은 목표를 가진 사람 중에 자기보다 실력이 뛰어나거나 비슷한 사람을 친구로 삼아 많은 대화를 나눈다면 둘 모두에게 발전적인 결과를 가져올 수 있다.

9. 기업의 입장에서 생각하라

'일이란 무엇입니까?', '영업이란 무엇입니까?', '회사는 누구를 위해 존재합니까?'라는 질문이 있다고 해보자. 이때 자신의 시점인지, 회사 전체의 시점인지, 아니면 고객의 시점인지에 따라 대답이 달라진다.

평소에는 소비자의 입장에서만 생각해왔겠지만, 기업을 위해 일하겠다고 생각한 순간부터는 회사의 시점에서 생각하는 연습이 필요하다. 즉, 입장을 바꾸는 관점 이동 능력이 있어야 한다. 내가 아는 경영자는 '기업은 누구의 것인가'라는 질문을 사원들에게 시시때때로 던진다. '누구의 것인가' 라는 질문을 받았을 때 보통은 사원의 것이나 주주의 것이라고 대답하지만, 그 경영자는 '고객의 것'이라고 생각했다. 왜냐하면 그에게 있어서 좋은 회사란 규모가 큰 회사도, 이익을 많이 창출하는 회사도 아닌 100년 후에도 남아 있는 회사이기 때문이다. 즉, 어디에 시점을 두느냐에 따라 가치관도 달라진다.

종업원이 단순히 의무를 이행하고 있는 가게와 마음을 담아 손님을 대하는 가게의 차이는 어디에서 비롯될까? 그것은 자신의 일이 무엇에 의해 지탱되느냐는 생각 차이에서 온다. 본질적인 구조로 돌아가 생각해보면, 자신의 월급은 한 사람, 한 사람의 고객을 확보하는 데에서 나온다. 이 인식이 있느냐, 없느냐가 서비스의 차이를 만들어낸다.

그러므로 자신은 매우 열심히 일하고 있는데 평가받지 못하고 있다거나, 자신은 매우 좋은 것을 만들었는데 팔리지 않는다며 불만을 품고, 그것을 상사 탓, 회사 탓, 손님의 센스 탓을 하는 사람은 미래가 없다. 그런 사람은 이 세상을 바꿀 수 없다. 고객의 수요를 감지하고 자신을 변화시키는 유연성이 없으면 어떤 일도 잘할 수 없다.

나는 대학 세미나에서 그룹 논문에 대해 연구한 적이 있다. 연구 주제를 그룹 논문으로 선정한 이유는 대학 시절에 공부한 흔적을 남기고 싶었고, 동시에 주위 사람들과의 커뮤니케이션을 통해서도 배울 것이 있다고 생각했기 때문이다. 실제로 매일 동료들과 토론을 하고 함께 결과물을 만들면서 많은 것을 배웠다. 함께 뭔가를 한다는 것은 쉽지 않았다. 여러 개성을 가진 사람들이 공통된 주제로 의견을 모으는 과정 자체도 쉽지 않았고, 공통의 작업물을 만들다 보면 누군가는 열심히 하지 않고, 누군가는 자기의 의견을 강압적으로 표현하는 등 조율이 쉽지 않기 때문이다.

그 과정을 통해 중요하다고 생각한 것이 바로 '받아들이는 것'과 '의문을 갖는 것'이다. 다른 사람과 커뮤니케이션을 할 때, 조직을 이루어 공통의 작업을 할 때, 그 두 가지는 너무나 중요하다.

의사소통은 상대를 이해하고자 할 때 비로소 성립한다. 즉, 받아들이는 과정이 필요하다. 비록 의견이 대립한다고 해도 상대가 하고자 하는 말을 열심히 듣고, 그 시점에서 문제를 바라본다면 의외로 좋은 방향으로 답이 열리는 경우가 많았다. 이게 말은 쉽지만 막상 나와 의견이 대립되는 사람과 논쟁이 붙으면 상대방의 의견을 수용하는 것이 굉장히 어렵다. 하지만 그 어려움을 극복하고 나면 본인에게도 훨씬 나은 결과물이 생긴다. 그러니 늘 상대의 입장에서 생각하고 받아들이는 자세가 필요하다.

또 하나는 '왜?'라는 의문을 갖는 것이다. 눈앞의 커다란 테마에 대해서 작은 의문이라도, 가능한 한 많이 의문을 던져보면 문제점을 더욱 명확하게 만들어 논제에 더 깊이 파고들 수 있다. 실제로 세미나 과정에서도 느꼈고, 여러 수업을 진행하면서 학생들에게 토론을 시키고 질문을 던지게 해보니 의문의 축적이 수업의 질을 크게 좌우한다는 것을 절실히 느낄 수 있었다.

자기소개서도 결국은 종이 너머의 누군가와 하는 의사소통의 과정이다. 아무리 나의 이야기를 전달하는 것이라 하지만 일방적이어서는 안 된다. 내 글을 읽고 있는 그 사람의 입장에서 생각하는 것이 필요하다. 기업이 읽고 있다면 그 기업이 내게 궁금한 것은 무엇일지 먼저 파악해서 써야 하고, 동아리 친구들이 읽는 거라면 취미의 관점에서 나를 소개해야 한다. 자기소개서를 읽을 상대를 받아들이고 끊임없이 의문을 던지는 것은 글쓰기에도, 자기소개서 쓰기에도 적용된다. 이 두 가지만 명심하고 쓴다면 자기소개서는 지금보다 훨씬 나아질 것이다. 그러니 두려워하지 말고 과감하게 써라. 자기소개서는 나를 가장 조용하면서도 강력하게 표현할 수 있는 수단이니 말이다.

*

말하기보다 글쓰기가 먼저다

글쓰기에 대한 책 못지않게 많은 것이 '화술'에 대한 책이다. 자기계발서 코너에 가면 '말 잘하는 사람의 비밀', '화술법'에 대한 다양한 책이 나와 있다. 그만큼 '말 잘하고 싶은 사람'이 많다는 반증일 것이다. 물론 화술은 중요하다. 살면서 누군가와 대화를 나눌 기회는 너무나도 많고, 매번 그들에게 호감을 주고 설득력 있는 말로 내가 원하는 바를 얻어낸다면 그것만큼 큰 이득이 없기 때문이다. 그런데 이 화술을 글쓰기와 함께 한 번에 해결할 수 있다고 생각하는 사람은 별로 없는 듯하다. 독서와 글쓰기가 된다면 대화의 기술은 바로 해결되는 데도 말이다.

　문어는 구어보다 훨씬 어휘가 풍부하다. 그것을 알 수 있는 대표적인 예가 우리는 평소 사전 속의 1% 이하의 어휘로 생활할 수 있다. 그 정도만 사용해도 사람들과 대화를 나누고 설득하는 데 큰 어려움을 느끼지 못한다. 그러나 문장이 되면 그 정도의 어휘로는 감당이 안 된다. 시험 삼아 일상회화에 나오는 어휘만으로 문장을 구성해보면, 그 문장이 얼마나 유치한지 느낄 수 있다. 사용하는 어휘의 폭도 다르다. 마치 실제로 말을 하고 있는 듯이 쓰인 문장도 자세히 뜯어보면 상당히 고심한 끝에 나온 거라는 사실을 알 수 있다. 막상 그렇게 쓰려면 쉽지 않다.

　평소 독서와 글쓰기로 단련된 사람은 어휘가 풍부한 덕분에 대화에서도 의미의 함유율이 높은 대화가 가능하다. 의미의 함유율을 높이는 것이 이번 책의 숨겨진 테마이다. 말하기의 잔기술은 말 그대로 잔기술일 뿐, 독서와 글쓰기 기반이 없다면 지적인 대화를 나누거나 설득력 있는 문장을 구사할 수 없다.

　나는 직업상 학생이나 각계각층의 사람들과 이야기를 나눌 기회가 많다. 신기하게도 그들과 잠깐만 이야기를 나눠보면 상대의 독서량을 대략 짐작할 수 있다. 독서량이 적은 사람은 사용하는 어휘가 풍부하지도 않고, 말할 때 주어와 서술어가 일치하지 않을 때도 많다. 논리적 대화가 불가능할 때도 있다. 만약 그런 사람을 만나 대화를 나눈다면 그 사람에 대한 신뢰감이 떨어진다. 더는 이야기를 나누고 싶지 않다는 생각도 든다.

반면 독서량이 풍부한 사람은 다르다. 논리정연하고 자신의 생각을 정확하게 표현한다. 표현 가능한 어휘가 많으니 당연한 결과이다. 거기에 문장을 쓸 때처럼 정확히 말할 수 있게 된다면 수준 높은 연설까지 가능해진다. 글 쓰는 훈련이 되어 있어 이야기할 때 단어가 떠올라 문장어(文章語)에 가까운 형태로 이야기할 수 있게 되기 때문이다.

우리들은 상대가 쓴 글이나 말에서 그 사람의 인격과 능력을 미루어 짐작한다. 그 사람이 어떤 사람이고, 어떤 경험을 쌓아왔으며, 앞으로 어떤 미래가 있을까 등. 이러한 종합적인 판단을 글과 말을 통해 내리는 것이다.

사회는 냉혹하다. 학교에서처럼 첨삭을 해주지도 않고 실수를 인정해주지도 않는다. 그저 아무 말 없이 관계를 끊거나 일의 의뢰를 줄이거나, 때로는 커뮤니티에서 은근히 방출시키기도 할 것이다. 그러니 독서와 글쓰기는 이 냉혹한 사회를 헤엄쳐 건너가는 수영법을 몸에 배게 하는 것과 같다. 처음부터 자유형으로 멋지게 수영하는 사람은 없다. 태어난 지 5년 만에 말을 잘하게 되는 아이는 있지만 잘 쓰는 아이는 없다. 독서와 글쓰기는 수영을 몸에 익히는 것처럼 의식적으로 훈련해야 하는 것이고, 충분히 그럴 만한 가치가 있다.

| 옮긴이 | 장현주

대학에서 일어일문학을 전공한 후 일본문학을 더 깊이 연구하고자 일본으로 건너가 일본 분쿄대학교 일어일문학과에서 학사를, 동대학원에서 일본문학 석사학위를 취득했다. 옮긴 책으로는 《도련님》, 《마음》, 《살아갈 힘》, 《삼국지 1−10》 외 다수가 있다.

사이토 다카시의
훔치는 글쓰기

초판 1쇄 펴낸 날 2024년 7월 31일
초판 2쇄 펴낸 날 2024년 8월 30일

지은이   사이토 다카시
옮긴이   장현주
펴낸이   장영재
펴낸곳   (주)미르북컴퍼니
자회사   더모던
전 화   02)3141-4421
팩 스   0505-333-4428
등 록   2012년 3월 16일(제313-2012-81호)
주 소   서울시 마포구 성미산로32길 12, 2층 (우 03983)
E-mail   sanhonjinju@naver.com
카 페   cafe.naver.com/mirbookcompany
S N S   instagram.com/mirbooks